Jörg-Michael Günther

Der Fall Rotkäppchen

Jörg-Michael Günther

Der Fall Rotkäppchen

Juristisches Gutachten über die
Umtriebe der sittenlosen Helden der
Brüder Grimm, zur Warnung für
Eltern und Pädagogen

Eichborn Verlag

Gewidmet meiner Frau Usch und unseren Töchtern Sarah und Janna

Mein schönstes Märchen?
ich schrieb es nicht,
aus dunklen Tiefen stieg es
ich schwieg es   *(frei nach Mascha Kaléko)*

CIP-Titelaufnahme der Deutschen Bibliothek

Günther, Jörg-Michael:
Der Fall Rotkäppchen : juristisches Gutachten über die
Umtriebe der sittenlosen Helden der Brüder Grimm, zur
Warnung für Eltern und Pädagogen / Jörg-Michael Günther. —
Frankfurt/Main : Eichborn, 1990
   ISBN 3-8218-2186-8

© Vito von Eichborn Verlag, Frankfurt am Main, Juni 1990.
Umschlaggestaltung: Uwe Gruhle.
Gesamtherstellung: Fuldaer Verlagsanstalt GmbH.
ISBN 3-8218-2186-8.
Verlagsverzeichnis schickt gern:
Eichborn Verlag, Hanauer Landstraße 175, D-6000 Frankfurt 1

INHALT

EINFÜHRUNG IN DIE KRIMINALMÄRCHEN DER GEBRÜDER GRIMM

Es war einmal . . .

ein Fernsehansager, der im Jahre 1989 einen Beitrag über Eduard Zimmermann, den Leiter der Fernsehfahndung Deutschland (»Aktenzeichen XY-Ungelöst«), mit den Worten ankündigte:

»Kriminalität und Unterhaltung liegen oft dicht beieinander«.[1]

Ähnliches müssen sich schon 1812 die Gebrüder Grimm gedacht haben, als sie ihre berühmte »Kinder- und Märchensammlung« veröffentlichten.[2]

Mit dem »Fall Rotkäppchen« erscheint deshalb Band drei von »Eichborns neuer juristischer Bibliothek«. Wie bei den Kinderkriminalfällen »Max und Moritz«[3] und »Struwwelpeter«[4] wird den rechtlichen Verwicklungen altbekannter Kinderbuchfiguren nachgegangen.

Die Grimmsche Gruselkammer[5] erweist sich dabei – das darf schon jetzt vorweggenommen werden – als wahrer Sumpf des Verbrechens. Ihn gilt es trocken zu legen, denn so mancher Fernsehkrimi wirkt gegenüber den dort geplanten oder begangenen Straftaten geradezu harmlos.[6] Boshafte Hexen, gewissenlose Eltern, erpresserische Könige, mordsüchtige Schwiegermütter und brutale Zwerge – jeweils garniert durch abgehackte Köpfe, verbrannte Füße, vergiftete Äpfel usw. – bilden eine wahrlich erschreckende Lektüre für Kinder.

---

1 Fernsehkritik in der Welt am Sonntag, 5.8.1989
2 Die Brüder Grimm waren übrigens keineswegs die ersten, die Volksmärchen einem kindlichen Publikum zudachten. So veröffentlichte z.B. mein Namensvetter Chr. Wilhelm Günther 1787 die »Kindermärchen aus mündlichen Erzählungen gesammelt«.
3 Günther, Jörg-Michael: Der Fall Max und Moritz, Frankfurt 1988.
  Die Geschichte von Max und Moritz ›feiert‹ im Jahr 1990 übrigens ein denkwürdiges Jubiläum – sie wird 125 Jahre alt; erfreulicherweise wird nunmehr auch in der Presse bei Berichten über die »Geburtstagsausstellung« im Wilhelm-Busch-Museum (Hannover) auf den kriminellen Charakter der Streiche hingewiesen – vgl. Rheinische Post v. 5.4.1990.
4 Günther, Jörg-Michael: Der Fall Struwwelpeter, Frankfurt 1989.
5 So eine treffliche Formulierung im Zeitmagazin, 20.5.1988.
6 So der mehr als berechtigte Hinweis von Marcella Schäfer, in: Schäfer, Marcella: Märchen lösen Lebenskrisen, Freiburg im Breisgau 1983, S. 9f. – Vgl. dazu auch Wunderlich, H.G.: Die Steinzeit ist noch nicht zu Ende, Reinbek 1974, S. 364: »Schon mehrfach wurde in der Öffentlichkeit vor der nicht selten in Märchen dargestellten Grausamkeit gewarnt, die manchen ›knallharten Krimi‹ des abendlichen Fernsehens nach 21 Uhr noch in den Schatten stellt.«

Bereits früh meldeten deshalb verantwortungsbewußte Pädagogen erhebliche Bedenken gegen die Grimmschen Märchen an. Die Phantasie werde in unangemessener Weise gereizt und die Grausamkeit im Kind geweckt. Außerdem kämen Furcht- und Angstgefühle hinzu; Wirklichkeitssinn und moralische Entwicklung des Kindes würden gestört.[7] Als aber der unlängst verstorbene Psychologe Bruno Bettelheim in den späten siebziger Jahren in seinem gleichnamigen Buch verkündete: »Kinder brauchen Märchen«[8], weil sie angeblich nur so den dornenreichen Weg ins Erwachsenenleben seelisch heil überstehen könnten, bröckelte die Front der Märchengegner bedauerlicherweise immer mehr ab.

Nichts bezeichnet die verhängnisvolle Resignation besser als das Resümee einer interessanten Märchenbetrachtung des »Zeitmagazins«: »Aggressionstheorie hin, Psychomassage her – die lieben Kleinen knallen sich mit oder ohne bösen Wolf wie eh und je Sand und Kieselsteine an die Köpfe.«[9]

Die betrübliche Entwicklung geht zwischenzeitlich sogar dahin, daß die Erwachsenen selbst hohen Genuß an Rotkäppchen und den sieben Zwergen finden[10], anstatt den grausamen Lesestoff ihrer Kinder allgemein, d.h. auch für sich selber, zu brandmarken. Nach den Ergebnissen einer aktuellen Märchenuntersuchung sind für sage und schreibe 43 Prozent aller Bundesbürger Märchen »in«:[11]

»Wie der Vielfraß im Schlaraffenland futtern sich die Erziehungsberechtigten durch alle Märchen dieser Erde, von Aschenputtel zu Scheherazade, von usbekischen Wassernixen zu argentinischen Zauberpumas«.[12]

Eine Erklärung für die bedenkliche Beliebtheit gerade der Grimmschen Märchen ist darin zu sehen, daß offensichtlich Kriminalität und Unterhal-

---

7 Zusammenfassung nach Bamberger, Vorwort zur Märchensammlung, in: Bamberger, Richard (Hrsg.): Märchen und Sagen, Stuttgart 1969, S. 8.
8 Bettelheim, Bruno: Kinder brauchen Märchen, Stuttgart 1977. – Ähnlich auch Gerhard Haas, zitiert nach Psaar/Klein: Wer hat Angst vor der bösen Geiß, Braunschweig 1980, S. 65 – Haas führt irrigerweise aus, » ... daß wir nicht immer und nicht unbedingt der geistigen Gesundheit des Kindes dienen, wenn wir seine Umgebung nach Schreckgespenstern, Ungeheuern und toten Wellensittichen absuchen«.
9 Zeitmagazin, 20.5.1988.
10 Auch der Umfang der Rotkäppchenliteratur – wie überhaupt der Märchenbuchmarkt – sprechen eine deutliche Sprache: eine keinen Anspruch auf Vollständigkeit erhebende Rotkäppchen-Bibliographie von Jack Zipes nennt z.B. 113 Titel. Zipes, Jack: Rotkäppchens Lust und Leid, Frankfurt/Berlin 1985.
11 Siehe Kölner Stadtanzeiger vom 10.8.1989.
12 Zeitmagazin, 20.5.1988.

tung – wie schon eingangs erwähnt - in allen Medien immer mehr zusammenrücken. Solchen äußerst gefährlichen Tendenzen muß von juristischer Seite aus entschieden entgegengetreten werden. Das Arsenal der rechtlichen Verteidigungsmittel ist auf den ersten Blick gar nicht schlecht; man denke nur an das grundsätzlich auch für Märchen geltende Verbot der Verbreitung gewaltverherrlichender Schriften. Hilfreich im Kampf für das Wohl unserer Jugend können auch die Bestimmungen des Schmutz- und Schundgesetzes sein (Gesetz über die Verbreitung jugendgefährdender Schriften). Wenn diese Mittel allerdings wegen der »Laxheit des Gesetzgebers«[13] oder der regelmäßig eher zögerlich abwartenden Haltung der Bundesprüfstelle für jugendgefährdende Schriften[14] nicht oder nicht rechtzeitig greifen sollten, müssen gesetzgeberische oder disziplinarrechtliche Konsequenzen folgen. Spätestens nach den vorliegenden Untersuchungen wird jedenfalls niemand mehr den Blick vor dem grausamen Unrecht in Märchen verschließen können.

Bevor den wahrlich »märchenhaften« Rechtsbrüchen im einzelnen nachgegangen wird, soll nicht versäumt werden, einiges Wissenswerte über die Verfasser der berühmten »Kinder- und Hausmärchensammlung« voranzustellen.[15] Der Werdegang der Gebrüder Grimm dürfte nämlich im Zusammenhang mit ihrem vor Kriminalitätsschilderungen strotzenden Lebenswerk aufschlußreich sein.

Die Gebrüder Grimm waren als Juristen an der Universität zu Marburg eingeschrieben; Jakob Grimm (geb. 1785) begann dort 1802 als »Student der Rechte«, sein Bruder Wilhelm (geb. 1786) im Jahr darauf. Während Wilhelm Grimm eher ein Dichter gewesen ist, der zufällig Jura studierte,

---

13 So die scharfe, aber im Kern völlig berechtigte Kritik Tibulski-Schribbenecks an oftmals überzogener rechtsstaatlicher Zurückhaltung bei der gesetzgeberischen Lösung der Probleme unserer Zeit, in: Tibulski-Schribbeneck, Heiner: Law and Order today, Washington 1983, S. 689 ff. – Dagegen aber Heinz Müller-Dietz: Law and order? Law in order!, in: ders.: Alles was Recht ist, Heidelberg 1982, S. 4.

14 Gegen Max und Moritz wurde z.B. trotz eines entsprechenden Indizierungsantrags auf persönliche Weisung des Bundesjustizministers bis heute nicht eingeschritten: »Wie dem auch sei,/möcht' ich als großes Kind/den Wilhelm Busch nicht missen/auch nicht verstecken unterm Kissen/und bin – für diesen Fall – auf beiden Augen blind«, Hans A. Engelhard, Schreiben vom 11.4.1988; das Bundesinnenministerium riet mit Schreiben vom 19.4.1988 in gleicher Sache unverständlicherweise zur Gelassenheit: »Lieber ignorieren als indizieren« (beide Briefe auszugsweise abgedruckt in: DER SPIEGEL Nr. 20 vom 16. 5. 1988, S. 285) – Wie der Innenminister allerdings: Jahn, NJW 1989, 379.

15 Eine ausführliche Darstellung des Lebens der Gebrüder Grimm findet sich in dem Werk von Tolzien, Gerd: Die Großen, Zürich 1977, S. 444 - 460.

war Jakob Grimm ein strenger Jurist[16], der zufällig auch ein Dichter war.[17] So verfaßte Jakob Grimm u.a. ein juristisches Werk über die »Deutschen Rechtsaltertümer«[18], wie später auch der Titel seiner Antrittsvorlesung als Professor an der Berliner Universität lautete.[19] Außerdem erforschte er das Gewohnheitsrecht ländlicher Gemeinwesen. Hierbei folgte er den Spuren seines großen, geliebten Rechtslehrers Friedrich Carl von Savigny[20], welcher z.B. durchsetzte, daß die Grundlage des juristischen Studiums das »Gemeine Recht« wurde.[21]

Neben ihren juristischen Aktivitäten waren die Brüder Grimm von dem Forschungsdrang nach alten Märchen geradezu beseelt. Da dieser Stoff oftmals von erheblichen Gewalttaten durchsetzt war, erwies sich die genossene juristische Ausbildung bei der Sichtung und Auswertung des kriminellen Anschauungsmaterials als außerordentlich hilfreich.[22]

Wie eng die wundersame Verknüpfung von Literatur und Recht war,[23] belegt z.B. ein Brief, den Jacob Grimm 1809 an seinen Jugendfreund Paul Wiegand schrieb: »Gib mir doch auf die Sitten, Gebräuche deiner Gerichtsuntergebenen acht; besonders examinier alle Spitzbuben über Diebes- und Räuberlieder, über abergläubische Dinge, Sprüche genau aus.«[24] Wen mag es wundern, wenn sodann 1812 eine Reihe von Kriminal-

---

16 Siehe Tolzien, a.a.O., S. 445. – Siehe dazu auch Ebel, Friedrich: Jacob Grimm und die deutsche Rechtswissenschaft, Göttingen 1963.

17 So die wirklich griffige Charakterisierung der Brüder Grimm durch Tolzien, a.a.O., S. 446.

18 Grimm, Jakob: Deutsche Rechtsaltertümer, Band 1+2, o.O. 1822/1828. – Siehe dazu auch Günther: Die Rechtsaltertümer in der deutschen Sprache, Leipzig 1903.

19 Antrittsvorlesung Jakob Grimms am 30.4.1841.

20 Vgl. dazu die umfangreiche und historisch fundierte Untersuchung von Schuler, Theo: Jacob Grimm und Savigny, Z.R.G. 80, 1963, S. 197.

21 Hierzu merkte der von mir hochgeschätzte Prof. Tibulski-Schribbeneck in seiner unnachahmlichen Weise scherzhaft, aber voll des wahren Kernes an, »daß auch heute noch jeder Student spätestens im Examen merke, ›wie gemein das deutsche Recht ist‹«. Zitiert nach: Tibulski-Schribbeneck, Heiner: Aus dem geheimen Tagebuch eines Rechtsprofessors, Köln 1982, S. 234 Fn. 67.

22 Bei Jessen, Jens-Christian: Das Recht in den Kinder- und Hausmärchen der Brüder Grimm, Diss. Kiel, 1979, S. 12, heißt es zutreffend: »Die Brüder Grimm hätten die Märchen nicht aufgenommen, entbehrten sie des Volks- und Rechtslebens auf deutschem Boden.«

23 So auch der Titel einer Tagung der Deutschen Richterakademie im Jahre 1981; deren Beiträge sind in einem gleichnamigen, höchst empfehlenswerten Heft der NJW teilweise abgedruckt. Vgl. NJW 1982, S. 601 ff. – Erinnert sei in dem Zusammenhang auch an ein schönes Bonmot von Professor Müller-Dietz, a.a.O., S. 21: »Manche Gesetzesnovelle wirkt romanhaft.«

24 Tolzien, a.a.O., S. 448.

fällen[25] Eingang in den ersten Band der Märchenerzählung gefunden haben, dem 1815 Band zwei folgte.

Der kriminelle Gehalt der Grimmschen Märchen blieb lange Zeit verborgen; wie unter einer Tarnkappe blieben sie juristisch unbehelligt.[26] Um so verdienstvoller war es, als 1910 der Staatsanwalt Dr. Erich Wulfen aus Dresden in der Zeitschrift für Kriminalanthropologie und Kriminalistik ein richtungsweisendes Rechtsgutachten über »Das Kriminelle im deutschen Volksmärchen« veröffentlichte.[27]

Erst in neuerer Zeit wurden weitere strafrechtliche Untersuchungen durchgeführt, die sich allerdings in erster Linie nur mit den Gewalttaten rund um das »Knusperhäuschen« befaßten. Ausgangspunkt war 1973 eine Abhandlung von Professor Iring Fetscher mit dem Titel »Die Entlarvung Hänsel und Gretels«.[28] In Wahrheit sei von den beiden jugendlichen Tätern »ein Raubmord an einer armen rothaarigen Witwe begangen worden«.[29] Ähnlich äußerte sich 10 Jahre später Hans Traxler in seiner mehr kriminalhistorischen Untersuchung »Die Wahrheit über Hänsel und Gretel«.[30] Selbst der Deutsche Kinderschutzbund sah sich schließlich 1987 veranlaßt, zum juristischen Gehalt dieses Märchens in seiner Zeitschrift »Kinderschutz aktuell« − allerdings mehr in Form einer Glosse − Stellung zu nehmen.[31]

Andere Grimmsche Märchen konnten sich hingegen weiterhin für lange Zeit den kritischen Blicken Justitias entziehen (Rapunzel, Aschenputtel, Schneewittchen usw.). Dem norddeutschen Rechtswissenschaftler Jens Christian Jessen war es vorbehalten, mit seiner Dissertation »Das Recht in

---

25 Die »besten«, die auch Gegenstand dieses Buches sind, stammen übrigens von der »Viehmännin«, einer Märchenfrau aus Niederzwehren.

26 So die schöne Formulierung von Prof. Tibulski-Schribbeneck, die er mir gegenüber im Rahmen der Vorbereitung dieses Buches von sich gab.

27 Siehe Wulfen, Erich: Das Kriminelle im deutschen Volksmärchen, in: Zeitschrift für Kriminalanthropologie und Kriminalistik, 38. Band, S. 340 - 370. − Das Rechtsgutachten galt lange Zeit als verschollen, bis es 1909 auf dem Speicher des Amtsgerichts Winsen an der Luhe durch einen Referendar, der sich dorthin verirrt hatte, durch Zufall wiederentdeckt wurde.

28 Siehe Fetscher, Iring: Hänsel und Gretels Entlarvung, oder Eine Episode aus der Zeit des Präfaschismus, in: Wer hat Dornröschen wachgeküßt?, Düsseldorf 1972, S. 175 ff.

29 Fetscher, Entlarvung, a.a.O., S. 175.

30 Siehe Traxler, Hans: Die Wahrheit über Hänsel und Gretel, Reinbek bei Hamburg, 1983.

31 Siehe Düsenberg, Swaantje: Kinderschutz aktuell, 1987, Heft 4, S. 3 ff.

den Kinder- und Hausmärchen der Gebrüder Grimm«[32], der Göttin der Gerechtigkeit noch ein wenig mehr die Binde von den Augen zu schieben.

Mit dem vorliegenden Buch soll der Versuch unternommen werden, ihr den Blick für das märchenhafte Unrecht gänzlich frei zu machen.

Als Maßstab für das Kriminalgutachten wurde das derzeit geltende Recht gewählt. Die Zulässigkeit dieser Vorgehensweise wurde von mir bereits bei den Fällen »Max und Moritz« und »Struwwelpeter« mit umfangreicher Begründung nachgewiesen.[33] Sie wird daher an dieser Stelle nur noch einmal kurz skizziert. Bedenken im Hinblick darauf, daß die Gebrüder Grimm Straftaten aus mehreren Jahrhunderten schildern und nach § 1 StGB bzw. Artikel 103 Grundgesetz (nulla poena sine lege) eine Tat »nur bestraft werden kann, wenn die Strafbarkeit gesetzlich bestimmt war, bevor die Tat begangen wurde«[34], können ausgeräumt werden. Gleiches gilt für den möglichen Einwand, daß Verbrechen mit dem Tod getilgt werden.[35] Es kann nämlich nicht ernsthaft bestritten werden, daß die Straftaten in den Grimmschen Märchen zumindestens mit jeder Theater- oder Opernaufführung von Hänsel und Gretel[36], Schneewitt-

---

32 Siehe Jessen, a.a.O. – Siehe auch Anger, S.: Das Recht in den Sagen, Legenden und Märchen Schleswig-Holsteins, Diss. Kiel 1947. – Lesenswert auch Ludwig, O.: Richter und Gericht im deutschen Märchen, Bühl in Baden, 1935. – Siehe auch Lüderssen, Klaus: Hans im Glück. Kriminalpsychologische Betrachtungen, in: Brackert, Helmut (Hrsg.): Und wenn sie nicht gestorben sind . . . Perspektiven auf das Märchen, Frankfurt a. M. 1980.

33 Günther, J.-M.: Der Fall Max und Moritz, a.a.O., S. 7 ff. – Günther J.-M.: Der Fall Struwwelpeter, a.a.O., S. 10. – Vgl. zu dem Rechtsproblem auch meine Kolumne in der Zeitschrift für die Anwaltspraxis (ZAP) 1990, S. 241: Der Fall Struwwelpeter – ein Kinderbuch aus strafrechtlicher Sicht. – Zur Zulässigkeit dieser Verfahrensweise im zivilrechtlichen Bereich vgl. Müssig, Peter: Rechtsgutverletzungen und ihre Folgen – Max und Moritz im Spiegel des Deliktrechts, in: Der Verwaltungswirt 1987, S. 25 - 31 und 1988 S. 25 - 32.

34 Siehe auch Artikel 7 der Menschenrechtskonvention: »Niemand kann wegen einer Handlung oder Unterlassung verurteilt werden, die zur Zeit ihrer Begehung nach inländischem oder internationalem Recht nicht strafbar war.«

35 Crimina morte extinguntur; – zitiert nach Liebs: Lateinische Rechtsregeln, München 1982, C. Nr. 98.

36 Wer denkt nicht sogleich an die gleichnamige Märchenoper von Engelbert Humperdinck, die z.B. in der Theatersaison 1989/1990 im Programm der Kölner Oper ist. – Humperdinck hat allerdings in seiner Version die Aussetzung der Kinder abgemildert: In ihrem Unmut schickt dort die Mutter ihre Kinder nur zum Beerenpflücken in den Wald.

37 Z.B. Toni Tuason, Schneewittchen, Märchenspiel in 15 Bildern nach den Brüdern Grimm; ständige Aufführungen, z.B. 1960 an den Städt. Bühnen Dortmund. Zu erwähnen ist auch die gleichnamige Oper von Norbert Schulze, dem an geistvollen Einfällen überreichen Musiker, der bereits schon »Max und Moritz« und »Struwwelpeter« vertonte; – vgl. dazu Kurt Pahlen (Hrsg.): Heynes Opernlexikon, 2. Auflage, Zürich 1977, S. 354.

chen[37], Rotkäppchen[38] oder Aschenputtel[39] erneut begangen werden.[40] Zumindest die Kunstfiguren leben und müssen sich ihrer strafrechtlichen Verantwortung stellen.[41] Dies alles verkennt z.b. Hans Traxler, wenn er in seinem kriminalhistorischen Gutachten bei den Straftaten im Hexenwald von einem »verjährten Kriminalfall« spricht.[42]

Der vom Verfasser eingeschlagene Weg hat erfreulicherweise inzwischen allgemein in der Strafrechtswissenschaft Anerkennung gefunden.[43]

Lediglich Jessen wendet sich in seinem Rechtsgutachten über die Grimmschen Märchen ausdrücklich dagegen, »neuzeitliches Recht hineinzugeheimnissen«.[44] Wenn es aber, wie noch nachzuweisen sein wird, um die gebotene Aufklärung und Aburteilung fortgesetzter Schwerstkriminalität geht, können solche methodischen Empfindsamkeiten einer Mindermeinung guten Gewissens unberücksichtigt bleiben.[45]

Für das strafrechtliche Gutachten habe ich die Ausgabe Grimm, Kinder- und Hausmärchen, Band 1 und 2, München 1984, die der 7. Auflage von 1875 folgt, herangezogen. Bei meiner Untersuchung, die auch zivilrechtliche und öffentlichrechtliche Randfragen miteinbezieht[46], habe ich Rechtsbezüge soweit wie nötig wortgetreu aus dem Text der Gebrüder Grimm

---

38 Vgl. die Oper ›Le petit Chaperon rouge‹ mit dem Text von Marie E.G.M. Théaulon de Lambert und der Musik von Adrien Francois Boieldieu.

39 Z.B. das Stück von Henry Livings: »Aschenputtel oder Erzähl doch keine Märchen«.

40 Die Frage, ob unser Strafgesetzbuch wegen der deutschen Staatsangehörigkeit der Straftäter gemäß § 7 Abs. 2 StGB auch Inszenierungen im Ausland erfaßt, soll aus Platzgründen unerörtert bleiben; − vgl. zu dem Problem: Pidde, Ernst v.: Richard Wagners ›Ring des Nibelungen‹ im Lichte des deutschen Strafrechts, 3. Aufl., Reinbek 1982, S. 13.

41 Die Schauspieler und Sänger gehen dabei allerdings straffrei aus, da echte Todesfälle auf der Bühne trotz oftmals realistischer Darstellungsweise relativ selten sind. Interessanterweise treten sie bevorzugt im Verlauf von Verdi-Opern auf: So verstarb 1921 Josef Mann als Radames in der Lindenoper und Leonard Warren 1960 auf den Brettern der Met in dem Stück »Die Macht des Schicksals«; siehe v. Pidde, a.a.O., S. 72.

42 Traxler, a.a.O., S. 93.

43 So etwa in Rezensionen zu »Der Fall Max und Moritz«: Jahn, NJW 1989,378/Martinek, JuS 1989, S. XXIII/Der Kriminalist, Heft 10, Okt. 1988/Nordemann, ZUM 1989, S. 152/K. Barth, Zentralblatt für Jugendrecht, Heft 4/89.

44 Jessen, a.a.O., S. 14. Ihm sei mit Bettina von Arnim, einer engen Freundin und Förderin der Gebrüder Grimm, geantwortet: »Im Geheimnis ist der Mensch frei, er hat keinen Richter.« in: Bettina v. Arnim, 1, 141 an Clemens Brentano.

45 So auch die oben erwähnte h.M.

46 Z.B. namensrechtliche Fragen bei Rapunzel oder familienrechtliche Probleme im Fall Aschenputtel.

wiedergegeben, um die Beweisführung zu sichern und dem Leser das Aufsuchen der Stellen zu ersparen bzw. zu erleichtern.[47]

Zum Schluß sei noch auf Folgendes hingewiesen:

Einige Leser werden Einwendungen erheben angesichts der Fülle von Anmerkungen, Verweisen und Querverweisen.[48] Sie sollten aber daran denken, daß dieses juristische Märchenbuch zugleich Lehrbuch als auch Nachschlagewerk sein will. Außerdem ist es oft nützlich, wenn nicht sogar wesentlich, daran erinnert zu werden, daß die gleichen Probleme von mehr als nur einem Standpunkt behandelt werden müssen.

Auch liegt dem Verfasser daran, dem Leser, soweit dies überhaupt möglich ist, seine persönlichen Meinungen zu rechtlichen Problemen in Märchen nicht aufzuzwingen.[49] Daher war eine weitgehende Auseinandersetzung mit abweichenden Stimmen in Literatur und Rechtsprechung erforderlich.

Viele Menschen waren am Entstehen der Märchen beteiligt. Viele Menschen trugen auch dazu bei, daß das vorliegende Buch geschrieben wurde. Mein Dank gilt wiederum Herrn Regierungsrat z.A. Thomas Wagner aus Solingen, dessen fachlicher Rat die gesamte Buchreihe begleitet. Gedankt sei auch Frau Swaantje Düsenberg aus Hannover, die als Mitarbeiterin der Zeitschrift »Kinderschutz aktuell« das vorliegende Buch mit kritischen Hinweisen und mit ihrem Beitrag zu Hänsel und Gretel unterstützt hat. Nicht unerwähnt bleiben darf schließlich auch die Stadtbücherei Ratingen, die mir durch tatkräftige Hilfe die Zusammenstellung des wissenschaftlichen Märchenmaterials aus nichtjuristischen Fachgebieten wesentlich erleichtert hat.

---

47 Dies ist eine Verfahrensweise, die ich gerne von Jessen, a.a.O., S. 14, übernommen habe.

48 Siehe z.B. die kritischen Ausführungen zu dem Thema von Freudjung, S.C.G.: Der Zitaterich und sein Über-Ich – Zur Psychopathologie des akademischen Imponiergehabes, Tobolsk 1932. – Hinzuweisen ist ferner auf Duderstedt, Franz-Xaver: Wider die juristische Fußnotenhurerei, Heidelberg 1987.

49 Die vorgenannten Ausführungen lehnen sich in Inhalt und Formulierung an eine entsprechende »Rechtfertigung« Herbert Mannheims in dem Vorwort zur englischen Ausgabe seines Werkes, Vergleichende Kriminologie, Band 1, XVIII, London, Stuttgart 1973, an.

Wer den Geist des Verbrechens, wer die Geistespfade, die das Verbrechen im Leben und Denken der Völker genommen hat, wahrhaft erkennen will, muß sie aufsuchen vor allem in Geschichte und Mythos, in Sage, Märchen und Dichtung. Hier findet er mit wunderbarer Treue aufbewahrt, was in der Entwicklung des Verbrechens über Jahrhunderte, über Jahrtausende hinweg sich Unwillkürliches, Ungewolltes, mit Notwendigkeit Gewordenes ergeben hat. Die Kriminalität ist ein Bestandteil des psychischen Volkstums und spiegelt sich mit diesem im Märchen wider. Wenn es gilt, zugunsten der Lebenden, um die Beweggründe ihrer Verbrechensverübung zu erforschen, die Vergangenheit der Verbrechensgeschichte aufzuhellen, so muß die zartere, sagen wir die literarische Rücksichtnahme auf die Unantastbarkeit des Schatzes unserer Volksdichtung hinter der großen sozialen Aufgabe der Gegenwart zurückstehen. In diesem Sinne dürfen wir es wagen, im einzelnen Volksmärchen auch das kriminelle Ereignis zu sehen. Wenn ich so gewissermaßen einen Schleier von unserer innig geliebten Märchenwelt wegziehe, so bin ich mir der Tragweite dieser Handlungsweise wohl bewußt und hoffe doch nicht, den Vorwurf des unsichtbaren Geisterchors in Goethes Faust auf mich zu häufen: »Weh! Weh! Du hast sie zerstört, die schöne Welt!«[50]

---

50 Wulfen, Dr. Erich: Das Kriminelle im deutschen Volkmärchen, in: Zeitschrift für Kriminalanthropologie und Kriminalistik, 38. Band, Dresden 1910, S. 362 f.

RAPUNZEL

Es waren einmal ein Mann und eine Frau, die wünschten sich schon lange vergeblich ein Kind, endlich machte sich die Frau Hoffnung, der liebe Gott werde ihren Wunsch erfüllen. Die Leute hatten in ihrem Hinterhaus ein kleines Fenster, daraus konnte man in einen prächtigen Garten sehen, der voll der schönsten Blumen und Kräuter stand; er war aber von einer hohen Mauer umgeben, und niemand wagte hineinzugehen, weil er einer Zauberin gehörte, die große Macht hatte und von aller Welt gefürchtet ward. Eines Tags stand die Frau an diesem Fenster und sah in den Garten hinab, da erblickte sie ein Beet, das mit den schönsten Rapunzeln bepflanzt war; und sie sahen so frisch und grün aus, daß sie lüstern ward und das größte Verlangen empfand, von den Rapunzeln zu essen. Das Verlangen nahm jeden Tag zu, und da sie wußte, daß sie keine davon bekommen konnte, so fiel sie ganz ab, sah blaß und elend aus. Da erschrak der Mann und fragte: »Was fehlt dir, liebe Frau?« – »Ach«, antwortete sie, »wenn ich keine Rapunzeln aus dem Garten hinter unserem Haus zu essen kriege, so sterbe ich.« Der Mann, der sie lieb hatte, dachte: »Eh du deine Frau sterben lässest, holst du ihr von den Rapunzeln, es mag kosten, was es will.« In der Abenddämmerung stieg er also über die Mauer in den Garten der Zauberin, stach in aller Eile eine Handvoll Rapunzeln und brachte sie seiner Frau. Sie machte sich sogleich Salat daraus und aß sie in voller Begierde auf. Sie hatten ihr aber so gut, so gut geschmeckt, daß sie den andern Tag noch dreimal soviel Lust bekam. Sollte sie Ruhe haben, so mußte der Mann noch einmal in den Garten steigen. Er machte sich also in der Abenddämmerung wieder hinab, als er aber die Mauer herabgeklettert war, erschrak er gewaltig, denn er sah die Zauberin vor sich stehen. »Wie kannst du es wagen«, sprach sie mit zornigem Blick, »in meinen Garten zu steigen und wie ein Dieb mir meine Rapunzeln zu stehlen? Das soll dir schlecht bekommen.« – »Ach«, antwortete er, »laßt Gnade für Recht ergehen, ich habe mich nur aus Not dazu entschlossen: meine Frau hat Eure Rapunzeln aus dem Fenster erblickt und empfindet ein so großes Gelüsten, daß sie sterben würde, wenn sie nicht davon zu essen bekäme.« Da ließ die Zauberin in ihrem Zorne nach und sprach zu ihm: »Verhält es sich so, wie du sagst, so will ich dir gestatten, Rapunzeln mitzunehmen, soviel du willst, allein ich mache eine Bedingung: Du mußt mir das Kind geben, das deine Frau zur Welt bringen wird. Es soll ihm gut gehen, und ich will für es sorgen wie eine Mutter.« Der Mann sagte in der Angst alles zu, und als die Frau in Wochen kam, so erschien sogleich die Zauberin, gab dem Kinde den Namen Rapunzel und nahm es mit sich fort.

Rapunzel ward das schönste Kind unter der Sonne. Als es zwölf Jahre alt war, schloß es die Zauberin in einen Turm, der in einem Walde lag und weder Treppe noch Türe hatte, nur ganz oben war ein kleines Fensterchen. Wenn die Zauberin hinein wollte, so stellte sie sich unten hin und rief:

»Rapunzel, Rapunzel,
laß mir dein Haar herunter.«

Rapunzel hatte lange prächtige Haare, fein wie gesponnen Gold. Wenn sie nun die Stimme der Zauberin vernahm, so band sie ihre Zöpfe los, wickelte sie oben um einen Fensterhaken, und dann fielen die Haare zwanzig Ellen tief herunter, und die Zauberin stieg daran hinauf.

Nach ein paar Jahren trug es sich zu, daß der Sohn des Königs durch den Wald ritt und an dem Turm vorüberkam. Da hörte er einen Gesang, der war so lieblich, daß er stillhielt und horchte. Das war Rapunzel, die in ihrer Einsamkeit sich die Zeit damit vertrieb, ihre süße Stimme erschallen zu lassen. Der Königssohn wollte zu ihr hinaufsteigen und suchte nach einer Tür des Turms, aber es war keine zu finden. Er ritt heim, doch der Gesang hatte ihm so sehr das Herz gerührt, daß er jeden Tag hinaus in den Wald ging und zuhörte. Als er einmal so hinter einem Baum stand, sah er, daß eine Zauberin herankam und hörte, wie sie hinaufrief:

»Rapunzel, Rapunzel,
laß dein Haar herunter.«

Da ließ Rapunzel die Haarflechten herab, und die Zauberin stieg zu ihr hinauf. »Ist das die Leiter, auf welcher man hinaufkommt, so will ich auch einmal mein Glück versuchen.« Und den folgenden Tag, als es anfing, dunkel zu werden, ging er zu dem Turme und rief:

»Rapunzel, Rapunzel,
laß dein Haar herunter.«

Alsbald fielen die Haare herab, und der Königssohn stieg hinauf.

Anfangs erschrak Rapunzel gewaltig, als ein Mann zu ihr hereinkam, wie ihre Augen noch nie einen erblickt hatten, doch der Königssohn fing an, ganz freundlich mit ihr zu reden, und erzählte ihr, daß von ihrem Gesang sein Herz so sehr sei bewegt worden, daß es ihm keine Ruhe gelassen und er sie selbst habe sehen müssen. Da verlor Rapunzel ihre Angst, und als er sie fragte, ob sie ihn zum Manne nehmen wollte, und sie sah, daß er jung und schön war, so dachte sie: »Der wird mich lieber haben als die alte Frau Gothel«, und sagte ja und legte ihre Hand in seine Hand. Sie sprach: »Ich will gerne mit dir gehen, aber ich weiß nicht, wie ich herabkommen kann. Wenn du kommst, so bring jedesmal einen Strang Seide mit, daraus will ich eine Leiter flechten, und wenn die fertig ist, so steige ich herunter, und du nimmst mich auf dein Pferd.« Sie verabredeten, daß er bis dahin alle Abend zu ihr kommen sollte, denn bei Tag kam die Alte. Die Zauberin merkte auch nichts davon, bis einmal Rapunzel anfing und zu ihr sagte: »Sag Sie mir doch, Frau Gothel, wie kommt es nur, Sie wird mir viel schwerer heraufzuziehen als der junge Königssohn, der ist in einem Augenblick bei mir.« – »Ach du gottloses Kind«, rief die Zauberin, »was muß ich von dir hören, ich dachte, ich hätte dich von aller Welt geschieden, und du hast mich doch betrogen!« In ihrem Zorne packte sie die schönen Haare der Rapunzel, schlug sie ein paarmal um die linke Hand, griff eine Schere mit der rechten, und ritsch, ratsch waren sie abgeschnitten, und die schönen Flechten lagen auf der Erde. Und sie war so unbarmherzig, daß sie die arme Rapunzel in eine Wüstenei brachte, wo sie in großem Jammer und Elend leben mußte.

Denselben Tag aber, wo sie Rapunzel verstoßen hatte, machte abends die Zauberin die abgeschnittenen Flechten oben am Fensterhaken fest, und als der Königssohn kam und rief:

»Rapunzel, Rapunzel,
laß dein Haar herunter,«

so ließ sie die Haare hinab. Der Königssohn stieg hinauf, aber er fand oben nicht seine liebste Rapunzel, sondern die Zauberin, die ihn mit bösen und giftigen Blicken ansah. »Aha«, rief sie höhnisch, »du willst die Frau Liebste holen, aber der schöne Vogel sitzt nicht mehr im Nest und singt nicht mehr, die Katze hat ihn geholt und wird dir auch noch die Augen auskratzen. Für dich ist Rapunzel verloren, du wirst sie nie wieder erblicken.« Der Königssohn geriet außer sich vor Schmerz, und in der Verzweiflung sprang er den Turm herab: das Leben brachte er davon, aber die Dornen, in die er fiel, zerstachen ihm die Augen. Da irrte er blind im Walde umher, aß nichts als Wurzeln und Beeren und tat nichts als jammern und weinen über den Verlust seiner liebsten Frau. So wanderte er einige Jahre im Elend umher und geriet endlich in die Wüstenei, wo Rapunzel mit den Zwillingen, die sie geboren hatte, einem Knaben und Mädchen, kümmerlich lebte. Er vernahm eine Stimme, und sie deuchte ihn so bekannt; da ging er darauf zu, und wie er herankam, erkannte ihn Rapunzel und fiel ihm um den Hals und weinte. Zwei von ihren Tränen aber benetzten seine Augen, da wurden sie wieder klar, und er konnte damit sehen wie sonst. Er führte sie in sein Reich, wo er mit Freude empfangen ward, und sie lebten noch lange glücklich und vergnügt.

DER FALL RAPUNZEL

»Wie kannst du es wagen, in meinen Garten zu steigen und wie ein Dieb mir meine Rapunzeln zu stehlen. Das soll dir schlecht bekommen.« »Ach«, antwortete der Mann, »laßt Gnade vor Recht ergehen, ich habe mich nur aus Not dazu entschlossen.«

A. DAS BETRETEN DES ZAUBERGARTENS UND DIE ENTWENDUNG VON RAPUNZELN

a) Strafbarkeit von Rapunzels Vater

Hausfriedensbruch und Diebstahl, §§ 123, 242 StGB [51, 52]

Rapunzels Vater hat den von einer hohen Mauer umgebenen Garten der gefürchteten Zauberin ohne deren Einwilligung betreten, um die Gelüste seiner schwangeren Frau nach Rapunzeln zu befriedigen:
»In der Abenddämmerung stieg er also über die Mauer in den Garten der Zauberin, stach in aller Eile eine Handvoll Rapunzeln und brachte sie seiner Frau.«
Dieses Verhalten war ein »widerrechtliches Eindringen in ein befriedetes Besitztum«, also Hausfriedensbruch gemäß § 123 StGB.[53] Außerdem beging der Mann einen Diebstahl von Rapunzeln.[54]

---

51 § 123 StGB, Hausfriedensbruch: Wer in die Wohnung, in die Geschäftsräume oder in das befriedete Besitztum eines anderen oder in abgeschlossene Räume, welche zum öffentlichen Dienst oder Verkehr bestimmt sind, widerrechtlich eindringt oder wer, wenn er ohne Befugnis darin verweilt, auf die Aufforderung des Berechtigten sich nicht entfernt, wird mit Freiheitsstrafe bis zu einem Jahr oder mit Geldstrafe bestraft.

52 § 242 StGB, Diebstahl: Wer eine fremde bewegliche Sache einem anderen in der Absicht wegnimmt, dieselbe sich rechtswidrig zuzueignen, wird mit Freiheitsstrafe bis zu fünf Jahren oder mit Geldstrafe bestraft.

53 Siehe Fitzpatrick, John: My court is my castle, London 1899, S. 123. – Günther, J.-M.: Der Fall Max und Moritz, a.a.O., S. 15. – Bernsmann, Klaus: »Gartenanlagen als Wohnung?« in: Tatbestandsprobleme des Hausfriedensbruchs, Jura 1981, S. 340 ff.

54 Schwerer Diebstahl in Form eines Einbruchdiebstahls nach § 243 Abs. 1 Ziff. 1 StGB scheidet aus, weil sich die Tat nach § 243 Abs. 2 und § 248 a StGB nur auf eine geringwertige Sache – Rapunzeln in kleinen Mengen - bezog. – Vgl. zum Begriff der geringwertigen Sache mit weiteren Nachweisen: Günther, J.-M.: Der Fall Max und Moritz, a.a.O, S. 32.

Zu beantworten ist aber die Frage, ob der Ehemann der Schwangeren wirklich für seine Tat verantwortlich gemacht werden kann. Immerhin war seine Ehefrau ganz offensichtlich dringend auf Rapunzeln angewiesen. Nachdem sie anfangs nur ein großes Verlangen nach einem entsprechenden Salat hatte, steigerte sich ihr Bedürfnis nahezu ins Unermeßliche. Ohne eine Ernährung mit Rapunzeln erlitt sie schließlich ganz beträchtliche Gewichtsverluste, »sah blaß und elend aus«. Ihr drohte bei fortdauernder Entbehrung von Rapunzeln sogar der Tod:

»Ach, wenn ich keine Rapunzeln aus dem Garten hinter unserem Haus zu essen kriege, sterbe ich.«

Erst unter dem Eindruck dieser dramatischen Zuspitzung der Situation entschloß sich ihr Mann – und dies ist glaubwürdig – zur Begehung der geschilderten Straftaten:

»Eh du deine Frau sterben lässest, holst du ihr von den Rapunzeln, mag es kosten, was es will.«

Auf frischer Tat ertappt, äußerte er gegenüber der Zauberin, daß er sich »nur aus Not dazu entschlossen« habe, sich an den fremden Rapunzeln zu vergreifen.

Unter derartigen Umständen lag ein rechtfertigender Notstand nach § 34 StGB vor.[55] Der Ehemann beging nämlich die Tat, um »einer gegenwärtigen, nicht anders abwendbaren Gefahr für Leib und Leben« seiner rapunzelabhängigen Frau und der heranreifenden Leibesfrucht entgegenzutreten. Da die Rettung menschlichen Lebens[56] wichtiger war als der Schutz des Hausrechts einer Zauberin an einem Zaubergarten und am Eigentum von Rapunzeln, handelte er rechtmäßig.[57]

---

55 § 34 StGB, Rechtfertigender Notstand: Wer in einer gegenwärtigen, nicht anders abwendbaren Gefahr für Leben, Leib, Freiheit, Ehre, Eigentum oder ein anderes Rechtsgut eine Tat begeht, um die Gefahr von sich oder einem anderen abzuwenden, handelt nicht rechtswidrig, wenn bei Abwägung der widerstreitenden Interessen, namentlich der betroffenen Rechtsgüter und des Grades der ihnen drohenden Gefahren, das geschützte Interesse das beeinträchtigte wesentlich überwiegt. Dies gilt jedoch nur, soweit die Tat ein angemessenes Mittel ist, die Gefahr abzuwenden. – Mehr aus psychologischer Sicht zum Fall Rapunzel: Bettelheim, a.a.O., S. 29: »Die Eltern haben das Kind hergegeben, weil ihr eigenes Gelüsten ihnen wichtiger war.«

56 Ob dazu auch bereits die Leibesfrucht zählt, ist rechtlich zweifelhaft; vgl. dazu § 1 BGB: »Die Rechtsfähigkeit des Menschen beginnt mit der Geburt.« – Vgl. aber andererseits den vielumkämpften § 218 StGB. – Vgl. ferner Hattenauer, Hans: Person – zur Geschichte eines Begriffes, JuS 1982, 405.

57 I. ü. lagen auch die Voraussetzungen eines entschuldigenden Notstands nach § 35 StGB vor (Entschuldigender Notstand): Wer in einer gegenwärtigen, nicht anders abwendbaren Gefahr für Leben, Leib oder Freiheit eine rechtswidrige Tat begeht, um die Gefahr von sich, einem Angehörigen oder einer anderen ihm nahestehenden Person abzuwenden, handelt ohne Schuld.

Gestützt wird dieses Ergebnis durch frühere Untersuchungen zum Fall Rapunzel, die allerdings mehr auf rechtshistorischem Gebiet lagen.[58] Beim Grimmforscher *Jens Christian Jessen* findet sich folgender interessante Hinweis:

»Die Gelüste der Schwangeren gebieten Nachsicht; der Mann darf die gestohlenen Rapunzel seiner Frau bringen. Die in dem Märchen wiedergegebene Ordnung stimmt mit vielen Volksrechten überein. Schwangere, Arme und Kinder dürfen demnach ihren Hunger an Erbsen am Wege stillen und noch steht an der Alpirsbacher Strecke der Kinzig dem Manne einer Schwangeren, die ›nach Fischen ein Gluscht‹ hat, das artige Recht zu, zwei Fische für sie aus dem Bache zu holen.«[59]

E r g e b n i s : Der Ehemann der rapunzelsüchtigen Schwangeren ist weder wegen Hausfriedensbruchs, noch wegen Diebstahls zu bestrafen.

b) Strafbarkeit von Rapunzels Mutter

Anstiftung zu Hausfriedensbruch und Rapunzeldiebstahl, §§ 26, 123, 242 StGB

Wer zur Vermeidung des eigenen Todes einen anderen anstiftet, Rettung verheißende Rapunzeln unter Verstoß gegen fremdes Eigentumsrecht zu stehlen, handelt im Notstand.

E r g e b n i s : Rapunzels Mutter durfte ungestraft ihren Mann dazu bringen, durch Begehung von Straftaten ihren Hunger nach Rapunzeln zu stillen.

B. DAS ABTROTZEN DES KINDES

a) Strafbarkeit der Zauberin Gothel

1. Nötigung, § 240 StGB[60]

Die Zauberin Gothel äußerte gegenüber dem auf frischer Tat ertappten Mann, daß sein Verhalten ihm »schlecht bekommen werde«. Was diese Dro-

---

58 Siehe Jessen, a.a.O., S. 137, unter Hinweis auf v. Künssberg: Rechtliche Volkskunde, S. 6 und His, St.d.M.A. II, S. 243.
59 Jessen, a.a.O, S. 137.
60 § 240 StGB, Nötigung: (1) Wer einen anderen rechtswidrig mit Gewalt oder durch Drohung mit einem empfindlichen Übel zu einer Handlung, Duldung oder Unterlassung nötigt, wird mit Freiheitsstrafe bis zu drei Jahren oder mit Geldstrafe, in besonders schweren Fällen mit Freiheitsstrafe von sechs Monaten bis zu fünf Jahren bestraft.
(2) Rechtswidrig ist die Tat, wenn die Anwendung der Gewalt oder die Androhung des Übels zu dem angestrebten Zweck als verwerflich anzusehen ist.

hung bei einer Zauberin zu bedeuten hatte, wußte sich der »Rapunzeldieb« ohne nähere Erläuterung instinktiv sofort unter Schrecken auszumalen. Bekanntermaßen gehört es zum Strafarsenal von Hexen und Zauberinnen, mißliebige Menschen z.B. durch Zauber zu schwächen oder zu vernichten.[61] Nicht umsonst heißt es am Anfang des Märchens über den prächtigen Garten: Es »wagte keiner, hineinzugehen, weil er einer Zauberin gehörte, die große Macht hatte und von aller Welt gefürchtet ward«. Bei *Jessen* heißt es zu dem Thema: »Wir erkennen die Hexen als dämonische Wesen, als Frauen, denen man zauberische Kräfte zuschreibt, während sich Männer nicht mit Zauberei abgeben. Das Märchen nennt sie nicht. Die Hexe frißt Menschen, vergiftet durch Speis und Trank und durch verhexte Gegenstände.«[62]

Der aus nachvollziehbaren Gründen völlig verängstigte Mann bat schließlich die Zauberin »Gnade vor Recht« ergehen zu lassen.[63] Der »Gnadenantrag« wurde zunächst abschlägig beschieden. Die Zauberin machte dann allerdings das zweifelhafte »Angebot«, entweder die von ihr zu verhängende strenge Strafe für den Rapunzeldiebstahl in Empfang zu nehmen, oder ihr – als grausame »Alternative« – das erst noch zu gebärende Kind gegen dauerhafte Gestattung kostenloser Rapunzelernte herauszugeben.

Ein solches Verhalten gegenüber dem Mann, der nur unter dem Eindruck der drohenden Bestrafung zur Überlassung des Kindes bereit war (»Der Mann sagte in seiner Angst alles zu«), ist zweifelsohne eine strafbare Nötigung.

E r g e b n i s : Die Zauberin hat sich wegen des Verlangens nach dem Kinde nach § 240 StGB schuldig gemacht.[64]

---

61 Vgl. nur Biedermann, H.: Handlexikon der magischen Künste, Graz 1973. – Burland, C.A.: The magical arts, London 1966.
Wie aktuell die Hexerei heute noch im Bewußtsein der Bevölkerung ist, zeigt eine Umfrage des Allensbacher Instituts für Demoskopie aus dem Jahr 1973. Auf die Frage: »In früheren Zeiten hat man an Hexen geglaubt. Denken Sie, daß vielleicht doch etwas dran ist, daß es noch Hexen gibt?« antworteten 2% der Bevölkerung mit »Ja.« Zitiert nach Haerkötter, Gerd: Hexenfurz und Teufelschreck, Frankfurt 1987, S. 163.

62 Jessen, a.a.O., S. 146 ff.

63 Siehe zu dem Thema den hervorragenden, dem Leser nachhaltig zur Lektüre empfohlenen Aufsatz von Kaufmann, Arthur: Recht und Gnade in der Literatur, NJW 1984, S. 1062 ff. – Kaufmann weist dort u.a. darauf hin, daß wir z.B. bei Schiller ein ganzes Füllhorn voller Stücke finden, in denen das Thema »Gnade vor Recht« dichterisch behandelt wird. – Siehe dazu auch Gerland: Schiller und das Recht, o.O. 1933.

64 Es liegt auch eine Nötigung der Frau vor, die – so darf man vermuten – unter dem Eindruck der ihrem Mann drohenden Bestrafung das Kind hergab.

2. Kindesentziehung, § 235 StGB

Die Täterin Gothel ist auch wegen Kindesentziehung zur Verantwortung zu ziehen. Rapunzel wurde den Eltern durch Drohung mit einem empfindlichen Übel – Ausübung von Zauberei[65] – abgenötigt und in den Turm verbracht:

§ 235 StGB, Kindesentziehung: »Wer eine Person unter achtzehn Jahren durch List, Drohung oder Gewalt ihren Eltern, ihrem Vormund oder Pfleger entzieht, wird mit Freiheitsstrafe bis zu fünf Jahren oder mit Geldstrafe bestraft.«

E r g e b n i s : Es lag eine strafbare Kindesentziehung vor, § 235 StGB.

b) Strafbarkeit der Eltern

Verletzung der Fürsorgepflicht, § 170 d StGB[66]

Die Eltern, die ihr Kind an die Zauberin herausgaben, sind nicht zu bestrafen. Zwar kann die dauerhafte Überlassung des eigenen Kindes an eine zur ordnungsgemäßen Erziehung erkennbar völlig ungeeignete, kriminelle Zauberin ohne weiteres eine Straftat von Eltern nach § 170 d StGB oder § 223 b StGB darstellen.[67] Das »Einverständnis« wurde den Eltern aber im Fall Rapunzel gewaltsam abgenötigt, wie die Bestrafung der Zauberin wegen Kindesentziehung zeigt.

E r g e b n i s : Die Eltern Rapunzels haben durch die Übergabe Rapunzels an die Zauberin keine Straftat begangen.

---

65 Die hier nicht vorliegende bloße Ausnutzung von Überängstlichkeit und Aberglauben würde für die Annahme eines »empfindlichen Übels« im Sinne des § 240 StGB allerdings nicht ausreichen, wie der berühmte Fall des als Gespenst verkleideten Täters zeigt. Vgl. Geilen, Gerd: Lebensgefährdende Drohung als Gewalt in § 251 StGB, in: JZ 1970, S. 527.

66 § 170 d StGB, Verletzung der Fürsorge- oder Erziehungspflicht: Wer seine Fürsorge- oder Erziehungspflicht gegenüber einer Person unter sechzehn Jahren gröblich verletzt und dadurch den Schutzbefohlenen in die Gefahr bringt, in seiner körperlichen oder psychischen Entwicklung erheblich geschädigt zu werden, einen kriminellen Lebenswandel zu führen oder der Prostitution nachzugehen, wird mit Freiheitsstrafe bis zu drei Jahren oder mit Geldstrafe bestraft.

67 Schönke-Schröder (Sch-Sch.): Kommentar zum StGB, 23. Aufl., München 1988, § 170 d StGB Rn. 9. – Zum Ganzen ausführlich: Klimmek, Ulrich: Verletzung der Sorgepflicht gegenüber Kindern und Jugendlichen, Frankfurt 1970.

C. DAS EINSCHLIESSEN RAPUNZELS IN DEN TURM OHNE TÜR

Strafbarkeit der Zauberin Gothel

1. Freiheitsberaubung, § 239 StGB[68]

Die Zauberin hat Rapunzel für mehrere Jahre in den Turm ohne Treppe und Türen eingeschlossen. Nach § 239 StGB, der die Freiheit der Willensbetätigung in bezug auf den Aufenthaltsort schützen will, ist dies eine strafbare Freiheitsberaubung[69], begangen in einem besonders schweren Fall: »Wenn die Freiheitsentziehung über eine Woche gedauert hat, so ist auf Freiheitsstrafe von einem Jahr bis zu zehn Jahren zu erkennen.«

In der gesamten Rechtsgeschichte dürfte die grausame, menschenverachtende Gefangenschaft des unschuldigen Opfers ihresgleichen suchen.

Ergebnis: Die Täterin Gothel hat sich zu Lasten Rapunzels nach § 239 StGB strafbar gemacht.

2. Verletzung der Fürsorge- und Erziehungspflicht, § 170 d StGB

Die Zauberin kann zusätzlich wegen Verletzung der Fürsorge- und Erziehungspflicht belangt werden. Zwar sind in erster Linie die Personen strafrechtlich für das Wohl des Kindes verantwortlich, die nach dem Gesetz mit der Fürsorge und Erziehung betraut sind, also z.B. Eltern, Vormund und Pfleger. Entsprechende Pflichten können sich aber auch aus deren tatsächlicher Übernahme ergeben, wie sie im Fall Rapunzel vorlag.[70] Die Zauberin hat bei Entgegennahme des Kindes eindeutig erklärt:

»Es soll ihm gutgehen, und ich will für es sorgen wie eine Mutter.«

Das Einsperren in den Turm läßt sich mit den übernommenen ›Mutterpflichten‹ moralisch und rechtlich nicht vereinbaren. Die juristische Literatur nennt als Tatbestand der Verletzung der Fürsorge- und Erziehungs-

---

68 § 239 StGB, Freiheitsberaubung: Wer widerrechtlich einen Menschen einsperrt oder auf andere Weise des Gebrauchs der persönlichen Freiheit beraubt, wird mit Freiheitsstrafe bis zu fünf Jahren oder mit Geldstrafe bestraft.

69 Mehr rechtsphilosophisch: »Der Mensch ist frei geschaffen, ist frei, / Und würd' er in Ketten geboren«, Büchmann, Georg: Geflügelte Worte, Der Zitatenschatz des deutschen Volkes, Stuttgart/Hamburg, o.D., S. 239. – Siehe auch den empörenden Fall einer Freiheitsberaubung, wie er Hänsel und Gretel widerfahren ist.

70 Sch-Sch., a.a.O., § 170 d StGB, Rn. 3. – Vgl. auch die Bundestagsprotokolle im Zusammenhang mit dem Erlaß von § 170 d StGB: Prot. VI 1193.

pflicht ausdrücklich den Fall, daß ein Kind für einen längeren Zeitraum in Räumen untergebracht wird, »die als Wohnung ungeeignet sind (Ställe, Keller)«.[71] Eine ungeeignetere »Wohnung« als den Aufenthaltsort Rapunzels kann man sich kaum vorstellen.

Ergebnis: Die Zauberin hat sich durch die gewaltsame, dauerhafte Unterbringung Rapunzels im Turm der Verletzung ihrer Fürsorge- und Erziehungspflicht strafbar gemacht, § 170 d StGB.

3. Mißhandlung von Schutzbefohlenen, § 223 b StGB[72]

Die Zauberin ist bezüglich Rapunzel außerdem böswillig ihrer Pflicht, für sie zu sorgen, nicht nachgekommen, was zu einer Schädigung von Rapunzels Gesundheit führte. Die Vernachlässigung der Sorgepflicht beeinträchtigte und hemmte die gesunde Entwicklung des gefangengehaltenen Opfers.[73] Rapunzel war nachweislich über Jahre hinweg völlig vereinsamt; ihr Umgang beschränkte sich auf den fragwürdigen Kontakt mit der Schwerverbrecherin Gothel. Es war deshalb kein Wunder, daß sie sich im Vergleich zu Altersgenossinnen gänzlich anormal verhielt, als sie den jungen und schönen Königssohn kennenlernte. Anstatt vor Glück zu weinen, »erschrak Rapunzel gewaltig«, als er zu ihr in den Turm hereinkam. Deutlicher können psychische Defekte, die von der Zauberin zu verantworten sind, kaum zutage treten.

Ergebnis: Die Behandlung Rapunzels war ein krasser Fall der Mißhandlung einer Schutzbefohlenen, § 223 b StGB.

D. DAS HERAUFSTEIGEN AN RAPUNZELS HAAREN

1. Nötigung, § 240 StGB

Soweit Rapunzel genötigt wurde, im Turm die Beraubung ihrer Bewegungsfreiheit zu dulden, erfolgt keine besondere Bestrafung der Zauberin. Das

---

71 Sch.-Sch., a.a.O., § 170 d StGB, Rn. 6. – Zum fortgesetzten Alleinlassen eines Kindes in einer Wohnung vgl. Sturm, Richard: Das Vierte Gesetz zur Reform des Strafrechts, in: JZ 1974, 3.

72 § 223 b StGB, Mißhandlung von Schutzbefohlenen: Wer Personen unter achtzehn Jahren (...), die seiner Fürsorge oder Obhut unterstehen oder seinem Hausstand angehören (...), quält oder roh mißhandelt oder wer durch böswillige Vernachlässigung seiner Pflicht, für sie zu sorgen, sie an der Gesundheit schädigt, wird mit Freiheitsstrafe von drei Monaten bis zu fünf Jahren bestraft.

73 Sch.-Sch., § 223 b StGB, Rn. 14/RGSt. 76, 373 und Horn SK, § 223 b StGB, Anm. 15.

Unrecht wird durch die Verfolgung der Täterin wegen Freiheitsberaubung bereits hinreichend berücksichtigt.

Eine zusätzliche Nötigung kommt allerdings unter dem Gesichtspunkt in Betracht, daß Rapunzel regelmäßig bei Herannahen der Zauberin auf bestimmte Stichworte hin ihre Haare[74] aus dem Turm herabzulassen hatte:

»Rapunzel, Rapunzel, laß mir dein Haar herunter.«

Die Haare fielen dann »zwanzig Ellen tief herunter, und die Zauberin stieg daran hinauf«.[75]

Hätte Rapunzel ihre Haare zurückgehalten, mußte sie bei lebensnaher Würdigung des Sachverhaltes mit Einstellung der Essensversorgung oder Ausübung von Zauberkräften rechnen. Als besonnener Mensch beugte sie sich deshalb dem Nötigungsdruck und stellte ihr Haar als »Leiter« zur Verfügung.

E r g e b n i s : Die Zauberin hat Rapunzel fortgesetzt zum Haareherunterlassen genötigt, § 240 StGB.

2. Körperverletzung, § 223 StGB[76]

Das Heraufsteigen einer erwachsenen Person an einer »Haarleiter« wird im Regelfall zu Gesundheitsbeschädigungen beim Haarträger führen (z.B. an der Kopfhaut). Rapunzels Technik zur Schadensvermeidung half ihr aber, das Heraufsteigen der Zauberin unbeschadet zu überstehen. Sie wickelte ihre Haarflechten »oben um einen Fensterhaken«, so daß das Gewicht der Zauberin beim Heraufsteigen nicht unmittelbar auf dem Haarschopf lag. Haare und Kopfhaut blieben unversehrt.

E r g e b n i s : Durch das Hinaufsteigen an Rapunzels Haaren wurde keine Körperverletzung begangen.

---

74 Vgl. zu haarigen Rechtsproblemen meine ausführliche Darstellung im Fall Struwwelpeter: Günther, J.-M.: a.a.O., S. 16 ff.; siehe auch die Ausführungen von P. Näcke, der sich bereits 1910 in der Zeitschrift für Kriminalanthropologie, 38. Band, S. 374, mit »Merkwürdigen Fällen von Haarfetischismus« befaßte.

75 Die Längenangaben der Gebrüder Grimm erscheinen allerdings etwas überzogen; bei Annahme des Preußischen Ellenmaßes von 66,69 cm hätte Rapunzel eine Haarlänge von rund 13,30 m gehabt, während in neuerer Zeit die längsten Haare der Welt 1949 beim indischen Mönch Swami Pandarasannadhi mit 7,93 m dokumentiert sind. Nach Franz Schneider Verlag (Hrsg.): Tatsachen − die verblüffendsten Rekorde der Welt, München/Wien 1976, S. 65.

76 § 223 StGB, Körperverletzung: Wer einen anderen körperlich mißhandelt oder an der Gesundheit beschädigt, wird mit Freiheitsstrafe bis zu drei Jahren oder mit Geldstrafe bestraft.

E. DAS ABSCHNEIDEN VON RAPUNZELS HAAREN

1. Körperverletzung, § 223 StGB

Nachdem die Zauberin erfahren hatte, daß Rapunzel regelmäßigen Kontakt mit dem Königssohn unterhielt, beging sie als Reaktion erneut eine Straftat:
»In ihrem Zorne packte sie die schönen Haare der Rapunzel, schlug sie ein paarmal um die linke Hand, griff eine Schere mit der rechten, und ritsch, ratsch waren sie abgeschnitten, und die schönen Flechten lagen auf der Erde.«
Verunstaltungen in Form des Abschneidens von Haaren sind nach höchstrichterlicher Rechtsprechung eine Körperverletzung zu Lasten des unfreiwillig Frisierten. So wurden vier Stammgäste eines Lokals entsprechend verurteilt, welche einer Frau, die sich geweigert hatte, mit einem von ihnen zum zweiten Male zu tanzen, gewaltsam das Haupthaar abgeschnitten hatten.[77] In einem anderen Fall hatte der Bundesgerichtshof allerdings Eltern, die ihre »16jährige sittlich verdorbene Tochter« durch Kurzschneiden der Haare bestraft hatten, ein derartiges Züchtigungsrecht zugebilligt.[78] Eine Übertragung dieser sehr umstrittenen Entscheidung auf den Fall Rapunzel scheidet aber aus. Wenn sich Rapunzel nach langer Zeit erzwungener Isolation dem sie liebenden Königssohn hingab, ist das nur zu verständlich. Ihr Verhalten rechtfertigte keine Beseitigung ihres schon sprichwörtlich schönen Haarschmuckes.[79]
E r g e b n i s : Die Zauberin hat sich durch das Haareabschneiden einer Körperverletzung Rapunzels strafbar gemacht, § 223 StGB.

2. Diebstahl, § 242 StGB

Die Täterin hat außerdem Rapunzels Haarflechten nach dem Abschneiden an sich genommen und für eigene Zwecke verwendet. Sie machte »abends die abgeschnittenen Flechten oben am Fenster fest«, als der Königssohn seiner Geliebten wie üblich einen Besuch abstatten wollte. Die Haarflechten

---

77 BGH NJW 1966, S. 1763. – Siehe auch RGSt 29,58: »Bartscherenfall«.
78 BGH NJW 1953, S. 1140. – Siehe zum elterlichen Züchtigungsrecht ausführlich: Günther, J.-M.: Der Fall Struwwelpeter, a.a.O., S. 16 ff.
79 Siehe dazu Déry, Tibor: Die Geschichte vom Leben und Sterben des heiligen Ambrosius, Bischof von Mailand, Berlin 1977, S. 83: »... für einen Mann ist es eine Schande, mit langen Haaren herumzulaufen, für die Frau ist langes Haar jedoch ein Schmuck, denn es wurde ihr von der Natur als Schleier gegeben.«

gehörten aber Rapunzel, da »Teile des menschlichen Körpers mit der Trennung ohne weiteres in das Eigentum ihres Trägers fallen.«[80] Die Literatur bezeichnet es in dem Zusammenhang deshalb zu Recht ausdrücklich als Diebstahl, »wenn jemandes Zopf abgeschnitten und mitgenommen wird«.[81]

Ergebnis: Rapunzels Haarflechten wurden von der Zauberin gestohlen, § 242 StGB.

F. DAS VERBRINGEN RAPUNZELS IN DIE WÜSTENEI

1. Aussetzung, § 221 StGB

Die Zauberin brachte die schwangere Rapunzel nach dem Abschneiden ihrer wunderschönen Haare »in die Wüstenei, wo sie in großem Jammer und Elend leben mußte«.

Eine Bestrafung nach § 221 StGB wegen Aussetzung könnte die Folge sein, denn: »Wer eine wegen jugendlichen Alters (...) oder Krankheit hilflose Person aussetzt, wird mit Freiheitsstrafe von drei Monaten bis zu fünf Jahren bestraft.«

Da das Merkmal der »Jugendlichkeit« in erster Linie für Neugeborene und nicht selbst versorgungsfähige Kinder bedeutsam ist[82], nicht aber für eine junge Frau wie Rapunzel, kommt als verbotener »Aussetzungstatbestand« nur »Krankheit« in Betracht. »Eine Schwangerschaft als solche stellt aber juristisch keinen pathologischen Zustand dar, wie er für eine Bestrafung nach § 221 Voraussetzung ist«[83]; etwas anderes würde nur beim Geburtsakt gelten.[84] Im Zweifel kann deshalb der Zauberin – trotz großer Bedenken – keine strafbare Aussetzung Rapunzels zur Last gelegt werden.

Ergebnis: Sie hat sich durch das Verbringen der schwangeren Rapunzel in die Wüstenei nicht nach § 221 StGB strafbar gemacht.[85]

---

80 So Dreher: Kommentar zum StGB, 44. Auflage, München 1988, § 242 StGB, Rn. 6a.
81 Dreher, § 242 StGB, Rn. 6a.
82 Sch-Sch., § 221 StGB, Rn. 4; RGSt. 7, 112; BGHSt. 21,44.
83 So ausdrücklich RGSt. 77,70.
84 So RGSt. 54,273.
85 Ob in dem Verbringen in die Wüste eine Fortsetzung der Verletzung der Fürsorge- und Erziehungspflicht nach § 170 d StGB zu sehen ist, kann nicht eindeutig beantwortet werden, weil unklar ist, ob Rapunzel zu dem Zeitpunkt noch unter sechzehn Jahre alt war.

2. Freiheitsberaubung und Mißhandlung von Schutzbefohlenen, §§ 239, 223 b StGB

Das Verbringen in die Wüste – der Transport – war eine Fortsetzung der Freiheitsberaubung. Außerdem lag eine »Mißhandlung von Schutzbefohlenen« vor, weil die Täterin Gothel durch ihr wüstes Verhalten zum Schaden Rapunzels böswillig ihrer Pflicht nicht nachkam, für die unter Achtzehnjährige zu sorgen.

E r g e b n i s : Die Zauberin hat sich nach §§ 239, 223 b StGB strafbar gemacht.

G. DIE BEZEICHNUNG RAPUNZELS ALS »GOTTLOSES KIND«

1. Beleidigung, § 185 StGB[86]

Rapunzel wurde von der Zauberin als »gottloses Kind« bezeichnet. Dies war ein deutlicher Ausdruck der Mißachtung, wie sich z.B. unschwer der Bibel entnehmen läßt. Aus Psalm 75,9 hat sich der bekanntermaßen diskriminierende Spruch entwickelt:

»Der Rest ist für die Gottlosen.«

E r g e b n i s : Die Zauberin hat Rapunzel beleidigt, § 185 StGB.

H. DER AUFENTHALT DES KÖNIGSSOHNES IM TURM

Strafbarkeit des Königssohnes

1. Hausfriedensbruch, § 123 StGB

Der Königssohn ist gegen den Willen der Turmeigentümerin in den Turm hinaufgestiegen, um den persönlichen Kontakt mit Rapunzel zu pflegen. Da er das Hausrecht aber auch gezielt mißachtete, um Rapunzel aus ihrer

---

86 § 185 StGB, Beleidigung: Die Beleidigung wird mit Freiheitsstrafe bis zu einem Jahr oder mit Geldstrafe und, wenn die Beleidigung mittels einer Tätlichkeit begangen wird, mit Freiheitsstrafe bis zu zwei Jahren oder mit Geldstrafe bestraft.

mißlichen Lage zu erretten, handelte er in Nothilfe. Die Gefangene bat ihn:

»Wenn du kommst, so bring jedesmal einen Strang Seide mit, daraus will ich eine Leiter flechten, und wenn die fertig ist, so steige ich herunter, und du nimmst mich auf dein Pferd.«

Ergebnis: Der Königssohn hat durch das fortgesetzte Turmbesteigen keinen strafbaren Hausfriedensbruch begangen, § 32 StGB.[87]

2. Verführung, § 182 StGB

Der Königssohn hat Rapunzel dazu verführt, mit ihm im Turm den Beischlaf zu vollziehen. Selbst die Zauberin konnte dies nicht verhindern, denn »gegen die Liebe ist kein Kraut gewachsen, gegen sie hilft kein Trank, keine Speise, nichts was in Zaubersprüchen gemurmelt wird, sondern nur Kuß und Umarmung und nackt beieinanderzuliegen«.[88]

Als unmittelbare Folge des zärtlichen Zusammenseins bekam Rapunzel außereheliche Zwillinge[89], was in einigen Ausgaben der Grimmschen Märchensammlung der Zensur unterfiel.

Der Königssohn wäre wegen der »Verführung« Rapunzels nach § 182 StGB aber nur dann zu bestrafen, wenn sein Opfer zum Zeitpunkt der »Tat« nachweislich noch nicht sechzehn Jahre alt war.[90]

---

87 § 32 StGB, Notwehr: Wer eine Tat begeht, die durch Notwehr geboten ist, handelt nicht rechtswidrig. Notwehr ist die Verteidigung, die erforderlich ist, um einen gegenwärtigen rechtswidrigen Angriff von sich oder einem anderen abzuwenden.

88 So der griechische Philosoph Longos: Hirtengeschichten von Daphis und Chloe, Berlin 1973, S. 93.

89 Allgemein zu Erotischem und Sexuellem im Märchen: Wulfen, a.a.O., S. 351 ff.

90 § 182 StGB, Verführung: (1) Wer ein Mädchen unter sechzehn Jahren dazu verführt, mit ihm den Beischlaf zu vollziehen, wird mit Freiheitsstrafe bis zu einem Jahr oder mit Geldstrafe bestraft.

(2) Die Tat wird nur auf Antrag verfolgt. Die Verfolgung der Tat ist ausgeschlossen, wenn der Täter die Verführte geheiratet hat.

Siehe dazu auch Karl Kraus und seine Ausführungen zum Thema »Sittlichkeit und Kriminalität«:

»Sittlichkeit und Kriminalität
Wir können ruhig schlafen,
weil man ins freie Feld
der Lust den Paragraphen
als Vogelscheuche stellt.
Doch Warnung lockt den Flieger,
die Scheuche schreckt den Schlaf;
Die Lust bleibt immer Sieger,
ihr Schmuck der Paragraph!«
(Zitiert nach Müller-Dietz: Sittlichkeit und Kriminalität, NJW 1984, S. 1069.)

Ob das der Fall war, läßt sich mit den vorhandenen Unterlagen nicht hinreichend sicher – gerichtsverwertbar – beweisen. Es ist durch den Bericht der Gebrüder Grimm lediglich bekannt, daß Rapunzel mit 12 Jahren in den Turm verbracht worden war und »ein paar Jahre« später die in jeder Hinsicht folgenreiche Bekanntschaft des Königssohns machte. In dubio pro reo[91] muß davon ausgegangen werden, daß Rapunzel zum Zeitpunkt der Verführung durch den Königssohn juristisch alt genug war, um ihren Liebsten mit einem Beischlaf nicht ins strafrechtliche Verderben zu stürzen.

Selbst wenn Rapunzel aber doch noch zu jung i.S.d. § 182 StGB war, würde den – ohnehin vom Schicksal gestraften – Königssohn keine Gefängnisstrafe erwarten. Er und Rapunzel waren zum Zeitpunkt der Tat verlobt und haben später im Zuge der wunderbaren ›Familienzusammenführung‹ geheiratet. Der Sachverhalt spricht zwar nicht rechtstechnisch von »Heirat«, kann aber entsprechend gedeutet werden. Jessen geht in seiner Dissertation »Das Recht in den Kinder- und Hausmärchen der Brüder Grimm« sogar ausdrücklich davon aus, daß »Rapunzels Kinder ehelich geboren wurden«.[92]

Es gilt daher § 182 Abs. 2 Satz 2 StGB, wo es unmißverständlich heißt: »Die Verfolgung der Tat ist ausgeschlossen, wenn der Täter die Verführte geheiratet hat.«

E r g e b n i s : Der Königssohn hat sich juristisch keiner Verführung Rapunzels schuldig gemacht.

I. DER SPRUNG DES KÖNIGSSOHNES VOM TURM

Strafbarkeit der Zauberin Gothel

1. Vorsätzliche oder Fahrlässige Körperverletzung, §§ 223, 230 StGB
Versuchter Totschlag, § 212 StGB

Der Königssohn fand zum Schluß auf dem Turm nicht seine Liebste, sondern die Zauberin, die ihn »mit bösen und giftigen Blicken ansah«. Nach-

---

91 Vgl. dazu Lackner, Karl: Kommentar zum StGB, 18. Aufl., München 1989, § 1 StGB, Anm. 1a. aa).
92 Jessen, a.a.O., S. 108. – Siehe in dem Zusammenhang auch Bierbaum, Otto Julius: In Rixdorf kennt mir jedermann, Berlin 1969, S. 13: »Kinderzeugen dahingegen/Macht Vergnügen und bringt Segen/Wenn's geschieht im Ehebett/Standesamtlich und honett.«

dem sie ihm höhnisch mitteilte, daß Rapunzel für ihn für immer verloren sei, stürzte er sich in seiner Verzweifelung vom Turm herab. Das Leben brachte er davon, aber die Dornen, in die er fiel, zerstachen ihm die Augen. Er wurde blind.[93]

Ob allerdings die Zauberin für die Folgen des Sturzes wegen vorsätzlicher oder fahrlässiger Körperverletzung – oder sogar wegen versuchten Totschlags – belangt werden kann, ist sehr fraglich.[94]

Zwar hat sie durch ihr gesamtes, kriminelles Verhalten zum Sprung vom Turm mit beigetragen (insbesondere durch Verwendung der Haare, die sie von Rapunzel gestohlen hatte) und den Königssohn vor dem Absturz mit ihrer zynischen und menschenverachtenden Art provoziert. Ihre Worte »der schöne Vogel sitzt nicht mehr im Nest und singt nicht mehr, die Katze hat ihn geholt und wird dir auch noch die Augen auskratzen«, könnten Indizien für einen entsprechenden Tatplan sein. Letzlich stand aber der Sprung vom Turm in der freien Entscheidung des Königssohns. Eine Rechtspflicht zur Verhinderung der Verzweiflungstat bestand für die Zauberin nicht.[95]

Ergebnis: Wegen des Sprungs vom Turm kann sie nicht bestraft werden.

2. Unterlassene Hilfeleistung, § 323 c StGB[96]

Die Zauberin hat aber dem durch den Sturz in die Rosen schwerverletzten Königssohn nicht geholfen, obwohl dies erforderlich und ihr den Umständen nach zuzumuten war. Ohne ihre Hilfe »irrte er blind im Walde umher, aß nichts als Wurzeln und Beeren«.

Ergebnis: Die Zauberin ist nach § 323 c StGB wegen unterlassener Hilfeleistung zu bestrafen.

---

93 Vgl. auch Plato in seinem Werk über die Gesetze V, 4, p. 731 E: »Liebe macht blind.«

94 § 230 StGB, Fahrlässige Körperverletzung: Wer durch Fahrlässigkeit die Körperverletzung eines anderen verursacht, wird mit Freiheitsstrafe bis zu drei Jahren oder mit Geldstrafe bestraft.

95 Siehe aber Dölling, Dieter: Suizid und unterlassene Hilfeleistung, NJW 1986, S. 1011: »Während bei Selbsttötungsversuchen aus affektiver Verzweiflung nach Hilfeleistung vorliegt, sollten wohlüberlegte Abwägungssuizide von der Rechtsordnung respektiert werden.« – Vgl. auch OLG München NJW 2940, 45: Prof.-Hackethal-Fall.

96 § 323 c StGB, Unterlassene Hilfeleistung: Wer bei Unglücksfällen oder gemeiner Gefahr oder Not nicht Hilfe leistet, obwohl dies erforderlich und ihm den Umständen nach zuzumuten, insbesondere ohne erhebliche eigene Gefahr und ohne Verletzung anderer wichtiger Pflichten möglich ist, wird mit Freiheitsstrafe bis zu einem Jahr oder mit Geldstrafe bestraft.

DER NAME »RAPUNZEL« – EIN MÄRCHENHAFTER BEITRAG ZUM NAMENSRECHT[97]

Die Zauberin »gab dem Kind den Namen Rapunzel«. Diese rechtsgeschichtlich äußerst interessante Namensgebung[98] rechtfertigt es, den am Strafrecht orientierten Prüfungsrahmen zeitweise zu verlassen. Es offenbart sich nämlich eine Rechtsfrage, die ohne Übertreibung als eine der wichtigsten, aber auch verborgensten Nahtstellen zwischen Recht und Literatur bezeichnet werden kann:

Kann der Märchenname »Rapunzel« heutzutage nach §§ 21 Personenstandsgesetz und § 1626 BGB im Familienstammbuch eingetragen werden?

Von der Rechtsprechung wird anerkannt, daß aus der Literatur stammende Vornamen grundsätzlich eintragungsfähig sein können. Zu denken ist an den bekannten »Momofall« des Bayerischen Obersten Landesgerichts, welches den Namen aus dem gleichnamigen Buch als rechtmäßig anerkannte.[99] Der Name »Momo« folge einem literarischen Vorbild, »mit dem sich, wofür auch die Verbreitung des preisgekrönten Jugendbuches, u.a. im Fernsehen, spricht, moralisch positive Vorstellungen verbinden«.[100] Darüber hinaus müsse »das Kind nicht befürchten, wegen dieses Namens als Erwachsene der Lächerlichkeit preisgegeben zu sein, wie z.B. mit Namen wie ›Schneewittchen‹, ›Rotkäppchen‹ o.ä«.[101]

Erwähnenswert ist in dem Zusammenhang auch der »Pumuckel-Fall«.[102] Das Oberlandesgericht Zweibrücken entschied, daß der Begriff Namenscharakter habe; er diene »nicht nur der artgemäßen Bezeichnung eines Phantasieprodukts«.[103] Außerdem habe der Pumuckel »überwiegend

---

97 Für die gewährte Unterstützung bei der Materialsammlung danke ich dem Standesamt der Stadt Ratingen.
98 Vgl. Jessen, a.a.O., S. 91.
Man denkt unwillkürlich an Goethe: »Namen sind Schall und Rauch«, in Goethe, J.W.: Faust I, Hamburger Ausgabe, 12. Aufl. 1981, Bd. 3, S. 47. – Proust, Marcel: A la recherche du temps perdu, Band II, Paris 1954, S. 892. – Dolz: Die Moden in den Taufnamen, Leipzig 1825.
99 BayObLG, Das Standesamt 1981, S. 23 ff. – Siehe auch den Fall »Winnetou«, AG Darmstadt, Das Standesamt 1978, S. 184.
100 BayObLG, Das Standesamt 1981, S. 23.
101 BayObLG, Das Standesamt 1981, S. 23.
102 OLG Zweibrücken, Das Standesamt 1983, S. 346.
103 So z.B. bei ›Heinzelmännchen‹

positive Eigenschaften, so daß ein entsprechender Namensträger nicht im Kindergarten oder in der Schule befürchten muß, im allgemeinen Bewußtsein herabgesetzt zu werden«.[104]

Abgelehnt wurde aber z.B. die Verwirklichung des Wunsches von Eltern, ihr Kind nach der Comic-Figur der »Peanuts«-Serie »Schröder« zu nennen.[105] Der Vorname Schröder sei schon deshalb nicht eintragungsfähig, weil die Allgemeinheit diesen Namen schon wegen seiner Häufigkeit als Familiennamen auffasse.[106] Im übrigen sei die Annahme, der Name Schröder könne sich deshalb zu einem Vornamen entwickeln, weil er in der Buch- und Filmserie »Peanuts« erscheine, nicht berechtigt. Der Name Schröder »taucht hier eindeutig als Phantasiename auf. Phantasievornamen dürfen zwar der Literatur und dem Film entnommen werden, nicht aber Phantasiefamiliennamen.«[107]

Das Amtsgericht Darmstadt, welches sich mit demselben Namensproblem zu befassen hatte, argumentierte weniger spitzfindig, aber um so einprägsamer:

»Der allgemeine Sprachgebrauch kennt den Namen ›Schröder‹ nur als Familiennamen, der auch keinerlei Rückschlüsse auf das Geschlecht des Namensträgers zuläßt. Daran vermag auch die Verwendung des Namens als Vornamen in einer amerikanischen Comicserie namens ›Peanuts‹ nichts zu ändern. Bei dieser Namenswahl mag es sich um einen witzigen Einfall des Autors gehandelt haben. Das kulturelle Niveau in der Bundesrepublik ist aber noch nicht so weit gesunken, daß Wortschöpfungen einer Zeichentrick-Serie gehobenen Niveaus kulturell prägende Kraft entfalten können. Es scheint deshalb geboten, das Kind vor der Namenswahl seiner Eltern zu bewahren.«[108]

Dem ist nichts hinzuzufügen außer dem Hinweis, daß es auch Obergerichten einmal gut zu Gesicht stehen würde, in derart deutlicher Form zu den drängenden kulturellen Problemen unserer Zeit rechtlich Stellung zu nehmen.

Einen Rechtsstreit um den literarischen Namen »Rapunzel«, bei dem dies hätte geschehen können, gab es allerdings noch nicht. Anwendbar

---

104 OLG Zweibrücken, a.a.O.

105 Vgl. OLG Frankfurt, Das Standesamt 1985, S. 106; AG Darmstadt, Das Standesamt 1982, S. 281.

106 Vgl. Fn. 105

107 BayObLG, NJW 1984, S. 1362.

108 AG Darmstadt, Das Standesamt 1982, S. 281.

dürfte aber die gängige Rechtsprechung zu Blumennamen sein; sie haben sich seit langem als Mädchennamen durchgesetzt.[109] Wer denkt nicht gleich an die Namen »Erika«, »Jasmin«[110] oder »Azalee«[111].

Im Zuge der Emanzipation sind Blumennamen — nicht erst seit Hermann Hesses »Narziß und Goldmund« — sogar für Jungen zwischenzeitlich allgemein anerkannt. Der berühmte »Oleander-Fall« des Amtsgerichts Stuttgart belegt dies auf eindrucksvolle Weise.[112]

Der Benennung eines Mädchens mit dem Namen »Rapunzel« steht folglich auf der Grundlage der erwähnten Urteile kein zwingender Grund entgegen. Dies gilt um so mehr, als mit dem Namen positive Vorstellungen verbunden sind. Rapunzel erscheint im Märchen als gleichermaßen schönes wie bedauernswertes Opfer der Zauberin. Der Umstand, daß sie sich relativ schnell dem Prinzen im Turm geschlechtlich hingab, prägt ihr Charakterbild nicht nachhaltig negativ. Immerhin heiratete sie später den Königssohn und legalisiert so ihr vorangegangenes außereheliches Verhältnis.[113]

Der Eheschluß sicherte »Rapunzel« schließlich sogar den eminent wichtigen Eintrag in die Namensliste des Internationalen Handbuchs der Vornamen, also in die »Bibel des Standesbeamten«.[114]

E r g e b n i s : Der Name »Rapunzel« ist nach §§ 21 Personenstandsgesetz, 1626 BGB zulässig.

---

109 Vgl. die Nachweise von Coester, Michael: Vorwort zum Internationalen Handbuch der Vornamen, Frankfurt 1986, S. XI – z.B. »Erika«.
Siehe zum Ganzen auch den interessanten Aufsatz von Dörner, Heinrich: Timpe und die magische Sieben – Liberalisierungstendenzen im Vornamensrecht, Das Standesamt 1980, S. 170 ff.
110 AG Nürnberg, Das Standesamt 1957, S. 128.
111 AG Koblenz, Das Standesamt 1960, S. 241.
112 AG Stuttgart, Das Standesamt 1983, S. 351.
113 Anderer Ansicht Jessen, a.a.O., S. 108: »So glauben wir auch, daß Rapunzels Kinder ehelich geboren wurden.«
114 Gesellschaft für deutsche Sprache e.V.: Internationales Handbuch der Vornamen, Frankfurt a.M. 1986, S. 371, mittlere Spalte.

SNEEWITTCHEN

Es war einmal mitten im Winter, und die Schneeflocken fielen wie Federn vom Himmel herab, da saß eine Königin an einem Fenster, das einen Rahmen von schwarzem Ebenholz hatte, und nähte. Und wie sie so nähte und nach dem Schnee aufblickte, stach sie sich mit der Nadel in den Finger, und es fielen drei Tropfen Blut in den Schnee. Und weil das Rote im weißen Schnee so schön aussah, dachte sie bei sich: »Hätt ich ein Kind so weiß wie Schnee, so rot wie Blut und so schwarz wie das Holz an dem Rahmen.« Bald darauf bekam sie ein Töchterlein, das war so weiß wie Schnee, so rot wie Blut und so schwarzhaarig wie Ebenholz, und ward darum das Sneewittchen (Schneeweißchen) genannt. Und wie das Kind geboren war, starb die Königin.

Über ein Jahr nahm sich der König eine andere Gemahlin. Es war eine schöne Frau, aber sie war stolz und übermütig und konnte nicht leiden, daß sie an Schönheit von jemand sollte übertroffen werden. Sie hatte einen wunderbaren Spiegel, wenn sie vor den trat und sich darin beschaute, sprach sie:

»Spieglein, Spieglein an der Wand,
wer ist die Schönste im ganzen Land?«

So antwortete der Spiegel:

»Frau Königin, Ihr seid die Schönste im Land.«

Da war sie zufrieden, denn sie wußte, das der Spiegel die Wahrheit sagte.

Sneewittchen aber wuchs heran und wurde immer schöner, und als es sieben Jahr alt war, war es so schön wie der klare Tag und schöner als die Königin selbst. Als diese einmal ihren Spiegel fragte:

»Spieglein, Spieglein an der Wand,
wer ist die Schönste im ganzen Land ?«,

so antwortete er:

»Frau Königin, Ihr seid die Schönste hier,
aber Sneewittchen ist tausendmal schöner als Ihr.«

Da erschrak die Königin und ward gelb und grün vor Neid. Von Stund an, wenn sie Sneewittchen erblickte, kehrte sich ihr das Herz im Leibe herum, so haßte sie das Mädchen. Und der Neid und Hochmut wuchsen wie ein Unkraut in ihrem Herzen immer höher, daß sie Tag und Nacht keine Ruhe mehr hatte. Da rief sie einen Jäger und sprach: »Bring das Kind hinaus in den Wald, ich will's nicht mehr vor meinen Augen sehen. Du sollst es töten und mir Lunge und Leber zum Wahrzeichen mitbringen.« Der Jäger gehorchte und führte es hinaus, und als er den Hirschfänger gezogen hatte und Sneewittchens unschuldiges Herz durchbohren wollte, fing es an zu weinen und sprach: »Ach, lieber Jäger, laß mir mein Leben; ich will in den wilden Wald laufen und nimmermehr wieder heimkommen.« Und weil es so schön war, hatte der Jäger Mitleiden und sprach: »So lauf hin, du armes Kind.« — »Die wilden Tiere werden dich bald gefressen haben«, dachte er, und doch war's ihm, als wär ein Stein von seinem Herzen gewälzt, weil er es nicht zu töten brauchte. Und als gerade ein junger Frischling dahergesprungen kam, stach er ihn ab, nahm Lunge und Leber heraus und brachte sie als Wahrzeichen der Königin mit. Der Koch mußte sie in Salz kochen und das boshafte Weib aß sie auf und meinte, sie hätte Sneewittchens Lunge und Leber gegessen.

Nun war das arme Kind in dem großen Wald mutterselig allein, und ward ihm so angst, daß es alle Blätter an den Bäumen ansah und nicht wußte, wie es sich helfen sollte. Da fing es an zu laufen und lief über die spitzen Steine und durch die Dornen, und die wilden Tiere sprangen an ihm vorbei, aber sie taten ihm nichts. Es lief, solange nur die Füße noch fort konnten, bis es bald Abend werden wollte, da sah es ein kleines Häuschen und ging hinein, sich zu ruhen. In dem Häuschen war alles klein, aber so zierlich und reinlich, daß es nicht zu sagen ist. Da stand ein weiß gedecktes Tischlein mit sieben kleinen Tellern, jedes Tellerlein mit seinem Löffelein, ferner sieben Messerlein und Gäblein und sieben Becherlein. An

der Wand waren sieben Bettlein nebeneinander aufgestellt und schnee-
weiße Laken darübergedeckt. Sneewittchen, weil es so hungrig und durstig
war, aß von jedem Tellerlein ein wenig Gemüs und Brot und trank aus
jedem Becherlein einen Tropfen Wein; denn es wollte nicht einem allein
alles wegnehmen. Hernach, weil es so müde war, legte es sich in ein Bett-
chen, aber keins paßte; das eine war zu lang, das andere zu kurz, bis endlich das siebente recht war: und darin blieb es liegen, befahl sich Gott und
schlief ein.

Als es dunkel geworden war, kamen die Herren von dem Häuslein, das
waren die sieben Zwerge, die in den Bergen nach Erz hackten und gruben.
Sie zündeten ihre sieben Lichtlein an, und wie es nun hell im Häuslein
ward, sahen sie, daß jemand darin gewesen war, denn es stand nicht alles
so in der Ordnung, wie sie es verlassen hatten. Der erste sprach: »Wer hat
auf meinem Stühlchen gesessen?« Der zweite: »Wer hat von meinem Tellerchen gegessen?« Der dritte: »Wer hat von meinem Brötchen genommen?« Der vierte: »Wer hat von meinem Gemüschen gegessen?« Der
fünfte: »Wer hat mit meinem Gäbelchen gestochen?« Der sechste: »Wer
hat mit meinem Messerchen geschnitten?« Der siebente: »Wer hat aus meinem Becherlein getrunken?« Dann sah sich der erste um und sah, daß auf
seinem Bett eine kleine Delle war, da sprach er: »Wer hat in meinem Bett-
chen getreten?« Die andern kamen gelaufen und riefen: »In meinem hat
auch jemand gelegen.« Der siebente aber, als er in sein Bett sah, erblickte
Sneewittchen, das lag darin und schlief. Nun rief er die andern, die kamen
herbeigelaufen und schrien vor Verwunderung, holten ihre sieben Lichtlein und beleuchteten Sneewittchen. »Ei, du mein Gott! Ei du mein Gott!«
riefen sie. »Was ist das Kind so schön!« Und hatten so große Freude, daß
sie es nicht aufweckten, sondern im Bettlein fortschlafen ließen. Der siebente Zwerg aber schlief bei seinen Gesellen, bei jedem eine Stunde, da
war die Nacht herum.

Als es Morgen war, erwachte Sneewittchen, und wie es die sieben
Zwerge sah, erschrak es. Sie waren aber freundlich und fragten: »Wie heißt
du?« – »Ich heiße Sneewittchen«, antwortete es. »Wie bist du in unser
Haus gekommen?« sprachen weiter die Zwerge. Da erzählte es ihnen, daß
seine Stiefmutter es hätte wollen umbringen lassen, der Jäger hätte ihm
aber das Leben geschenkt, und da wär es gelaufen den ganzen Tag, bis es
endlich ihr Häuslein gefunden hätte. Die Zwerge sprachen: »Willst du
unsren Haushalt versehen, kochen, betten, waschen, nähen und stricken,
und willst du alles ordentlich und reinlich halten, so kannst du bei uns
bleiben, und es soll dir an nichts fehlen.« – »Ja«, sagte Sneewittchen,

»von Herzen gern«, und blieb bei ihnen. Es hielt ihnen das Haus in Ordnung; morgens gingen sie in die Berge und suchten Erz und Gold, abends kamen sie wieder, und da mußte ihr Essen bereit sein. Den Tag über war das Mädchen allein, da warnten es die guten Zwerglein und sprachen: »Hüte dich vor deiner Stiefmutter, die wird bald wissen, daß du hier bist; laß ja niemand herein.«

Die Königin aber, nachdem sie Sneewittchens Lunge und Leber glaubte gegessen zu haben, dachte nicht anders, als wäre sie wieder die Erste und Allerschönste, trat vor ihren Spiegel und sprach:

»Spieglein, Spieglein an der Wand,
wer ist die Schönste im ganzen Land?«

Da antwortete der Spiegel:

»Frau Königin, Ihr seid die Schönste hier,
aber Sneewittchen über den Bergen
bei den sieben Zwergen
ist noch tausendmal schöner als Ihr.«

Da erschrak sie, denn sie wußte, daß der Spiegel keine Unwahrheit sprach, und merkte, daß der Jäger sie betrogen hatte und Sneewittchen noch am Leben war. Und da sann und sann sie aufs neue, wie sie es umbringen wollte; denn solange sie nicht die Schönste war im ganzen Land, ließ ihr der Neid keine Ruhe. Und als sie sich endlich etwas ausgedacht hatte, färbte sie sich das Gesicht und kleidete sich wie eine alte Krämerin und war ganz unkenntlich. In dieser Gestalt ging sie über die sieben Berge zu den sieben Zwergen, klopfte an die Türe und rief: »Schöne Ware feil! feil!« Sneewittchen guckte zum Fenster heraus und rief: »Guten Tag, liebe Frau, was habt Ihr zu verkaufen?« – »Gute Ware, schöne Ware«, antwortete sie, »Schnürriemen von allen Farben«, und holte einen hervor, der aus bunter Seide geflochten war. »Die ehrliche Frau kann ich hereinlassen«, dachte Sneewittchen, riegelte die Türe auf und kaufte sich den hübschen Schnürriemen. »Kind«, sprach die Alte, »wie du aussiehst! Komm, ich will dich einmal ordentlich schnüren.« Sneewittchen hatte kein Arg, stellte sich vor sie und ließ sich mit dem neuen Schnürriemen schnüren; aber die Alte schnürte geschwind und schnürte so fest, daß dem Sneewittchen der Atem verging und es für tot hinfiel. »Nun bist du die Schönste gewesen«, sprach sie und eilte hinaus.

Nicht lange darauf, zur Abendzeit, kamen die sieben Zwerge nach Haus, aber wie erschraken sie, als sie ihr liebes Sneewittchen auf der Erde liegen sahen; und es regte und bewegte sich nicht, als wäre es tot. Sie hoben es in die Höhe, und weil sie sahen, daß es zu fest geschnürt war, schnitten sie den Schnürriemen entzwei: da fing es an, ein wenig zu atmen, und ward nach und nach wieder lebendig. Als die Zwerge hörten, was geschehen war, sprachen sie: »Die alte Krämerfrau war niemand als die gottlose Königin: hüte dich und laß keinen Menschen herein, wenn wir nicht bei dir sind.«

Das böse Weib aber, als es nach Haus gekommen war, ging vor den Spiegel und fragte:

»Spieglein, Spieglein an der Wand,
wer ist die Schönste im ganzen Land?«

Da antwortete er wie sonst:

»Frau Königin, Ihr seid die Schönste hier,
aber Sneewittchen über den Bergen
bei den sieben Zwergen
ist noch tausendmal schöner als Ihr.«

Als sie das hörte, lief ihr alles Blut zum Herzen, so erschrak sie, denn sie sah wohl, daß Sneewittchen wieder lebendig geworden war. »Nun aber«, sprach sie, »will ich etwas aussinnen, das dich zugrunde richten soll«, und mit Hexenkünsten, die sie verstand, machte sie einen giftigen Kamm. Dann verkleidete sie sich und nahm die Gestalt eines andern alten Weibes an. So ging sie hin über die sieben Berge zu den sieben Zwergen, klopfte an die Türe und rief: »Gute Ware feil! feil!« Sneewittchen schaute heraus und sprach: »Geht nur weiter, ich darf niemand hereinlassen.« – »Das Ansehen wird dir doch erlaubt sein«, sprach die Alte, zog den giftigen Kamm heraus und hielt ihn in die Höhe. Da gefiel er dem Kinde so gut, daß es sich betören ließ und die Türe öffnete. Als sie des Kaufs einig waren, sprach die Alte: »Nun will ich dich einmal ordentlich kämmen.« Das arme Sneewittchen dachte an nichts und ließ die Alte gewähren, aber kaum hatte sie den Kamm in die Haare gesteckt, als das Gift darin wirkte und das Mädchen ohne Besinnung niederfiel. »Du Ausbund von Schönheit«, sprach das boshafte Weib, »jetzt ist's um dich geschehen«, und ging fort. Zum Glück aber war es bald Abend, wo die sieben Zwerglein nach Haus kamen. Als sie Sneewitttchen wie tot auf der Erde liegen sahen, hatten sie gleich die Stiefmutter in Verdacht, suchten nach und fanden den giftigen Kamm, und kaum hatten sie ihn herausgezogen, so kam Sneewittchen wieder zu sich und erzählte, was vorgegangen war. Da warnten sie noch einmal, auf seiner Hut zu sein und niemand die Tür zu öffnen.

Die Königin stellte sich daheim vor den Spiegel und sprach:

»Spieglein, Spieglein an der Wand,
wer ist die Schönste im ganzen Land?«

Da antwortete er wie vorher:
»Frau Königin, Ihr seid die Schönste hier,
aber Sneewittchen über den Bergen
bei den sieben Zwergen
ist doch noch tausendmal schöner als Ihr.«

Als sie den Spiegel so reden hörte, zitterte und bebte sie vor Zorn. »Sneewittchen soll sterben«, rief sie, »und wenn es mein eignes Leben kostet.« Darauf ging sie in eine ganz verborgene einsame Kammer, wo niemand hinkam, und machte da einen giftigen, giftigen Apfel. Äußerlich sah er schön aus, weiß mit roten Backen, daß jeder, der ihn erblickte, Lust danach bekam, aber wer ein Stückchen davon aß, der mußte sterben. Als der Apfel fertig war, färbte sie sich das Gesicht und verkleidete sich in eine Bauersfrau, und so ging sie über die sieben Berge zu den sieben Zwergen. Sie klopfte an, Sneewittchen streckte den Kopf zum Fenster heraus und sprach: »Ich darf keinen Menschen einlassen, die sieben Zwerge haben mir's verboten.« – »Mir auch recht«, antwortete die Bäuerin, »meine Äpfel will ich schon loswerden. Da, einen will ich dir schenken.« – »Nein«, sprach Sneewittchen, »ich darf nichts annehmen.« – »Fürchtest du dich vor Gift?« sprach die Alte. »Siehst du, da schneide ich den Apfel in zwei Teile; den roten Backen iß du, den weißen will ich essen.«

Der Apfel war aber so künstlich gemacht, daß der rote Backen allein vergiftet war. Sneewittchen lüsterte den schönen Apfel an, und als es sah, daß die Bäuerin davon aß, so konnte es nicht länger widerstehen, streckte die Hand hinaus und nahm die giftige Hälfte. Kaum aber hatte es einen Bissen davon im Mund, so fiel es tot zur Erde nieder. Da betrachtete es die Königin mit grausigen Blicken und lachte überlaut und sprach: »Weiß wie Schnee, rot wie Blut, schwarz wie Ebenholz! Diesmal können dich die Zwerge nicht wieder erwecken.« Und als sie daheim den Spiegel befragte:
»Spieglein, Spieglein an der Wand,
wer ist die Schönste im ganzen Land?«
So antwortete er endlich:
»Frau Königin, Ihr seid die Schönste im Land.«

Da hatte ihr neidisches Herz Ruhe, so gut ein neidisches Herz Ruhe haben kann.

Die Zwerglein, wie sie abends nach Haus kamen, fanden Sneewittchen auf der Erde liegen, und es kam kein Atem mehr aus seinem Mund, und es war tot. Sie hoben es auf, suchten, ob sie was Giftiges fänden, schnürten es auf, kämmten ihm die Haare, wuschen es mit Wasser und Wein, aber es half alles nichts; das liebe Kind war tot und blieb tot. Sie legten es auf eine Bahre und setzten sich alle siebene daran und beweinten es, und weinten drei Tage lang. Da wollten sie es begraben, aber es sah noch so frisch aus wie ein lebender Mensch und hatte noch seine schönen roten Backen. Sie sprachen: »Das können wir nicht in die schwarze Erde versenken«, und ließen einen durchsichtigen Sarg von Glas machen, daß man es von allen Seiten sehen konnte, legten es hinein und schrieben mit goldenen Buchstaben seinen Namen darauf, und daß es eine Königstochter wäre. Dann setzten sie den Sarg hinaus auf den Berg, und einer von ihnen blieb immer dabei und bewachte ihn. Und die Tiere kamen auch und beweinten Sneewittchen, erst eine Eule, dann ein Rabe, zuletzt ein Täubchen.

Nun lag Sneewittchen lange, lange Zeit in dem Sarg und verweste nicht, sondern sah aus, als wenn es schliefe, denn es war noch so weiß als Schnee, so rot als Blut und so schwarzhaarig wie Ebenholz. Es geschah aber, daß ein Königssohn in den Wald geriet und zu dem Zwergenhaus kam, da zu übernachten. Er sah auf dem Berg den Sarg und das schöne Sneewittchen darin und las, was mit goldenen Buchstaben darauf geschrieben war. Da sprach er zu den Zwergen: »Laßt mir den Sarg, ich will euch geben, was ihr dafür haben wollt.« Aber die Zwerge antworteten: »Wir geben ihn nicht um alles Gold in der Welt.« Da sprach er: »So schenkt mir ihn, denn ich kann nicht leben, ohne Sneewittchen zu sehen, ich will es ehren und hochachten wie mein Liebstes.« Wie er so sprach, empfanden die guten Zwerge Mitleiden mit ihm und gaben ihm den Sarg. Der Königssohn ließ ihn nun von seinen Dienern auf den Schultern forttragen. Da geschah es, daß sie über einen Strauch stolperten, und von dem Schüttern fuhr der giftige Apfelgrütz, den Sneewittchen abgebissen hatte, aus dem Hals. Und nicht lange, so öffnete es die Augen, hob den Deckel vom Sarg in die Höhe und richtete sich auf und war wieder lebendig. »Ach Gott, wo bin ich?« rief es. Der Königssohn sagte voll Freude: »Du bist bei mir«, und erzählte, was sich zugetragen hatte, und sprach: »Ich habe dich lieber als alles auf der Welt; komm mit mir in meines Vaters Schloß, du sollst meine Gemahlin werden.« Da war ihm Sneewittchen gut und ging mit ihm, und ihre Hochzeit ward mit großer Pracht und Herrlichkeit angeordnet.

Zu dem Fest wurde aber auch Sneewittchens gottlose Stiefmutter eingeladen. Wie sie sich nun mit schönen Kleidern angetan hatte, trat sie vor den Spiegel und sprach:

»Spieglein, Spieglein an der Wand,
wer ist die Schönste im ganzen Land?«

Der Spiegel antwortete:

»Frau Königin, Ihr seid die Schönste hier,
aber die junge Königin ist tausendmal schöner als Ihr.«

Da stieß das böse Weib einen Fluch aus, und ward ihr so angst, so angst, daß sie sich nicht zu lassen wußte. Sie wollte zuerst gar nicht auf die Hochzeit kommen; doch ließ es ihr keine Ruhe, sie mußte fort und die junge Königin sehen. Und wie sie hineintrat, erkannte sie Sneewittchen, und vor Angst und Schrecken stand sie da und konnte sich nicht regen. Aber es waren schon eiserne Pantoffeln über Kohlenfeuer gestellt und wurden mit Zangen hereingetragen und vor sie hingestellt. Da mußte sie in die rotglühenden Schuhe treten und so lange tanzen, bis sie tot zur Erde fiel.

DER FALL SCHNEEWITTCHEN[115]

Spieglein Spieglein an der Wand
Spieglein
Spieglein an der Wand
Wer ist der Schlimmste im ganzen Land?
(. . .)
Ach wie gut daß es nicht weiß
Daß ich
Stehler
Hehler
Lügner
Mörder
Heiß[116]

A. DER UNVOLLENDETE MORDANSCHLAG AUF SCHNEEWITTCHEN MIT DEM HIRSCHFÄNGER

a) Strafbarkeit des Jägers

1. Versuchter Totschlag oder Mord, §§ 211, 212, 22, 23 StGB[117]

Der Jäger führte Schneewittchen in den tiefen Wald, um dort unter Ausschluß unerwünschter Zeugen den Tötungsauftrag der Königin mittels

---

115 Zum Originaltitel des Märchens »Schneewittchen und die sieben Zwerge« schreibt einer der gelehrtesten und scharfsinnigsten Märchenkenner, Bruno Bettelheim, a.a.O., S. 230: »Der Titel, unter dem das Märchen heute weitbekannt ist, läßt leider die Zwerge zu stark in den Vordergrund treten. Es sind dies Wesen, die sich nicht zu reifen Menschen entwickeln, sondern auf einer vorödipalen Ebene dauernd fixiert sind – Zwerge haben keine Eltern, sie heiraten nicht und haben keine Kinder –, sie sind nur der Hintergrund, von dem sich die wichtigen Entwicklungen abheben, die sich in ›Schneewittchen‹ abspielen.«

116 Zitat: Lisa Kahn, Spieglein an der Wand. In: Rumold, Barbara (Hrsg.): Schneewittchen Total, Frankfurt 1987, S. 70.

117 § 211 StGB, Mord: (1) Der Mörder wird mit lebenslangem Freiheitsentzug bestraft. (2) Mörder ist, wer aus Mordlust, zur Befriedigung des Geschlechtstriebs, aus Habgier oder sonst aus niedrigen Beweggründen heimtückisch oder grausam oder mit gemeingefährlichen Mitteln oder um eine andere Straftat zu ermöglichen oder zu verdecken, einen Menschen tötet.
§ 212 StGB, Totschlag: (1) Wer einen Menschen tötet, ohne Mörder zu sein, wird als Totschläger mit Freiheitsstrafe nicht unter fünf Jahren bestraft. (2) In besonders schweren Fällen ist auf lebenslange Freiheitsstrafe zu erkennen.

eines Hirschfängers auszuführen.[118] Als er aber »den Hirschfänger gezogen hatte und Schneewittchens unschuldiges Herz durchbohren wollte«, fing Schneewittchen so zu weinen an, daß der Jäger aus Mitleid von seiner Tat abließ.[119]

Unter diesen Umständen kann der Jäger nicht wegen Totschlags oder Mordes an Schneewittchen bestraft werden. Nach § 24 StGB ist nämlich derjenige Täter straflos, der von der Tat noch rechtzeitig freiwillig zurücktritt[120]; solch ein Fall lag hier vor.

Nach höchstrichterlicher Rechtsprechung ist eine Bestrafung ausgeschlossen, wenn sich der Täter − wie hier der Jäger − aus Mitleid für das Opfer dazu entschließt, die Bluttat nicht auszuführen.[121] Dem Umstand, daß sich der Jäger auf der anderen Seite sagte, daß Schneewittchen ohnehin von den »wilden Tieren bald gefressen« werde, ändert an der Wirksamkeit seines Rücktritts nichts. Insoweit kommt aber natürlich seine Bestrafung wegen Kindesaussetzung in Betracht.

Ergebnis: Der Jäger hat keinen Totschlags- oder Mordversuch an Schneewittchen begangen.

2. Kindesaussetzung, § 221 StGB

Der Jäger hat das minderjährige, hilflose Schneewittchen im »großen Wald mutterseelig allein« gelassen. Hier kann man geradezu von einem Schulfall der Kindesaussetzung sprechen. Dies gilt um so mehr, als der Jäger sich der Gefahren für Schneewittchen durch wilde Tiere vollkommen bewußt war, als er sie schutzlos ihrem Schicksal überließ.

Ergebnis: Der Jäger hat sich wegen des Alleinlassens von Schneewittchen nach § 221 StGB strafbar gemacht.[122]

---

118 Das vorgesehene Tötungsinstrument − eine spezielle Form des Jagdmessers − läßt unwillkürlich an den berühmten »Hirschfängerfall« des Bundesgerichtshofes, BGHSt. 27, 322, denken; dort tötete ein Mann durch ein hirschfängerartiges Messer seine Ehefrau mit den Worten: »Du Intrigantin, was hast du mir angetan.«

119 Vgl. dazu Bettelheim, a.a.O, S. 237: »Im Unbewußten ist der Jäger das Symbol für das Beschützen.«

120 § 24 StGB, Rücktritt: (1) Wegen Versuchs wird nicht bestraft, wer freiwillig die weitere Ausführung der Tat aufgibt oder deren Vollendung verhindert.

121 So z.B. BGH-Urteil vom 17.2.1981, 5 StR 24/81; Sch-Sch., § 24 StGB, Rn. 57; RG HRR 1931, Nr. 1491; BGHSt. 7, 299.

122 Ein Totschlagsversuch des Jägers dürfte unter dem Gesichtspunkt des Alleinlassens im Wald − anders als z.B. bei Hänsel und Gretels Eltern − ausscheiden.

b) Strafbarkeit der Königin

1. Versuchte Anstiftung zum Mord, §§ 26, 211, 14 Abs. 1, 28 Abs. 2, 30 Abs. 1 StGB

Die Königin hat ihren Jäger zur Tötung Schneewittchens anzustiften versucht. Weil bei ihr die Annahme »niedriger Beweggründe« im Sinne des § 211 Abs. 2 StGB naheliegt, kommt sogar Anstiftung zum Mord in Betracht.[123]

Beweggründe sind niedrig, wenn sie »als Motive der Tötung nach allgemeiner sittlicher Wertung auf tiefster Stufe stehen und deshalb verachtenswert sind«.[124]

Das Mordmotiv der Königin war krasse Selbstsucht und Neid auf Schneewittchens Schönheit. Ihr krankhafter Narzißmus wird dadurch besonders augenfällig demonstriert, »daß sie sich von dem Zauberspiegel ihre Schönheit bereits bestätigen läßt, lange bevor Schneewittchen sie in den Schatten stellt«.[125]

Nachdem schließlich der Spiegel[126] die untrügliche Wahrheit über Schneewittchens äußerliche Qualitäten aussprach (»Schneewittchen ist tausendmal schöner als ihr«), erschrak die Königin »und ward gelb und grün vor Neid«. Wenn sie auf diesem Hintergrund unter Mißachtung von Schneewittchens Leben zu einer erbarmungslosen Schönheitskonkurrenz antrat, stellen sich die Motive als derart verabscheuungswürdig dar, daß nur eine lebenslange Freiheitsstrafe wegen Mordes dem Unrechtsgehalt auf der Strafebene gerecht werden kann. Der Bundesgerichtshof hat aus-

---

123 Der Auffassung der ständigen Rechtsprechung — seit BGHSt. 1, 368 —, daß sich der aus niedrigen Beweggründen handelnde Anstifter nur der Anstiftung zum Totschlag strafbar macht, wird nicht gefolgt. — Siehe auch Lackner, K.: Kommentar zum StGB, a.a.O., § 211 StGB, Anm. 5; Arzt, Günther: Gekreuzte Mordmerkmale, JZ 1973, 681; Hall, Karl Alfred: Über die Teilnahme an Mord und Totschlag, in: Festschrift für Eberhardt Schmidt, o.O. 1961, S. 343.

124 BGHSt. 2,60 — BGHSt. 63,3.

125 Bettelheim, a.a.O., S. 234.

126 Vgl. dazu den eher politischen Ansatz von Wolf Biermann, Lied vom roten Stein der Weisen, in: Preußischer Ikarus, Köln 1978:
»Genossen! fragt nicht penetrant
Wie in dem Märchen hirnverbrannt:
Wer ist der Linkste im ganzen Land?
— das kann kein Spiegel sagen.«
Der Spiegel ist auch Gegenstand der Rechtsprechung: vgl. nur BGHZ 21, 89: »Gattungsbezeichnung ist der Spiegel nur dann, wenn er für körperliche Gegenstände verwendet wird, die die Eigenschaft eines Spiegels haben.«

drücklich Tötungen »aus hemmungsloser, triebhafter Eigensucht«[127] und »übersteigertem Neid oder Geltungsdrang«[128] als Mord eingestuft.

Erschwerend kommt hinzu, daß die Königin das tote Opfer — jedenfalls in Teilen — verzehren wollte und subjektiv auch verzehrt hat.[129] Die Königin ließ sich vom Jäger die Lunge und Leber des vermeintlichen Opfers geben und aß beides genußvoll auf. Die auf Schneewittchens Schönheit eifersüchtige Königin wollte sich so — aus psychologischer Sicht — deren Anziehungskraft, die in ihren inneren Organen symbolisiert ist, einverleiben.[130] Niedrige Beweggründe bei der Anstiftung stehen demnach zweifelsfrei fest.

Ergebnis: Die Königin hat sich der versuchten Anstiftung zur Ermordung Schneewittchens strafbar gemacht.

B. DAS TÖTEN DES FRISCHLINGS UND DAS ALLGEMEINE VERHALTEN DES JÄGERS ALS JAGDMANN

1. Jagdwilderei, § 292 StGB[131]

Eine Bestrafung des Jägers wegen Jagdwilderei scheidet aus, da der Jäger schon von Berufs wegen im königlichen Jagdrevier jagen durfte.[132]

2. Verstöße gegen das Bundesjagdgesetz

Nach § 1 Abs. 3 Bundesjagdgesetz sind bei der Ausübung der Jagd u.a. »die allgemein anerkannten Grundsätze deutscher Weidgerechtigkeit zu

---

127 BGHSt. 3,132 – BGH VRS 17,187.
128 BGHSt. 9,183 – BGH b. Dallinger, MDR 1969, S. 723.
129 Übrigens eine in kriminellen Kreisen beliebte Form der Beweismittelvernichtung, wie das Vorgehen von Bauer Mecke und Meister Müller im »Fall Max und Moritz« zeigt. Dort wurden die zermahlenen Körper der Opfer den Gänsen zum Fraß vorgeworfen.
130 So die überzeugende Analyse von Bettelheim, a.a.O., S. 239. – Wulfen, a.a.O., S. 354, charakterisiert die Stiefmutter Schneewittchens zutreffend wie folgt: »Selbst zur Anthropophagie, zur Menschenfresserei, wird dieses eitle und hochmütige Weib getrieben.«
131 § 292 StGB, Jagdwilderei: Wer unter Verletzung fremden Jagdrechts dem Wilde nachstellt, es fängt, erlegt oder sich zueignet oder eine Sache, die dem Jagdrecht unterliegt, sich zueignet, beschädigt oder zerstört, wird mit Freiheitsstrafe bis zu fünf Jahren oder mit Geldstrafe bestraft.
132 Vgl. auch Jessen, a.a.O., S. 218: »Jagen darf ausschließlich der König mit seinen vielen Jägern.«

beachten«.[133] Ob der Jäger diese bei der Tötung des Frischlings mit dem Hirschfänger beachtet hat, erscheint fraglich, kann aber mangels näherer Angaben im Märchen nicht weiter vertieft werden. Dies gilt auch für die Frage, ob der Jäger überhaupt einen Jagdschein hatte.[134]

Erwähnenswert erscheint allerdings, daß gegen den Jäger allein schon wegen der an Schneewittchen begangenen Kindesaussetzung ein Verbot der Jagdausübung ernsthaft in Betracht zu ziehen wäre. In § 41 a Abs. 1 Ziff. 1 Bundesjagdgesetz heißt es: »Wird gegen jemanden wegen einer Straftat, die er bei oder im Zusammenhang mit der Jagdausübung begangen hat, eine Strafe verhängt, so kann ihm in der Entscheidung für die Dauer von einem Monat bis zu sechs Monaten verboten werden, die Jagd auszuüben.«

E r g e b n i s : Verstöße des Jägers gegen das Bundesjagdgesetz sind zwar wahrscheinlich, aber wegen der dürftigen Beweislage nicht verfolgbar.[135]

C. DAS EINDRINGEN SCHNEEWITTCHENS IN DAS HAUS DER SIEBEN ZWERGE/DER VERZEHR VON ZWERGENNAHRUNG

Strafbares Verhalten von Schneewittchen

Hausfriedensbruch und Diebstahl, §§ 123, 242 StGB

Schneewittchen ist im Wald in das Haus der abwesenden Zwerge eingedrungen und hat sich an deren Speisevorräten vergangen. Anders als Hän-

---

133 Richtungsweisend dazu wieder einmal Tibulski-Schribbeneck, Heiner: Einführung in das jägerische Denken, Breisgau 1985, S. 489 ff. – Grundlegend zum Weidwerk Kisch, Egon in: Der rasende Reporter - Das Kriminalkabinett von Lyon, Berlin/Weimar 1972, S. 653: »... je schwerer das Weidwerk, desto schöner ist's – je gehetzter das Wild, desto froher das Halali.«

134 Gemeint ist hier nicht die umgangssprachliche Bezeichnung für eine Unzurechnungsfähigkeitserklärung, die bis 1969 nach § 51 StGB z.B. bei krankhafter Störung der Geistestätigkeit erfolgen konnte, sondern der Jagdschein nach dem Bundesjagdgesetz.

135 Weitere Straftaten des Jägers sind nicht erkennbar; eine Bestrafung wegen Betruges unter dem Gesichtspunkt, daß er der Königin statt der Organe Schneewittchens heimlich Leber und Herz eines Frischlings brachte, ist schon mangels Betrugsabsicht abwegig. – Siehe in dem Zusammenhang den für andere Fallgestaltungen richtungsweisenden Aufsatz von Vogel: Neues Produkthaftungsrecht und Jagd, Natur und Recht, 1989, S. 237 ff. Vortrag auf dem 22. Jagdrechtsseminar der Deutschen Anwaltsakademie in Zusammenarbeit mit dem deutschen Jagdschutzverband.

sel und Gretel vermochte sie es aber, ihre oralen Gelüste einigermaßen zu zähmen:[136]

»Schneewittchen, weil es so hungrig und durstig war, aß von jedem Tellerlein ein wenig Gemüse und Brot und trank aus jedem Becherlein einen Tropfen Wein; denn es wollte nicht einem allein alles wegnehmen.«

Normalerweise käme trotzdem eine Strafe wegen Hausfriedensbruch und Diebstahl in Betracht, wobei allerdings wegen des ungesicherten Alters von Schneewittchen ihre Strafmündigkeit nach §§ 19 StGB, 3 JGG[137], gesondert zu untersuchen wäre.[138] Die Zwerge hatten aber – nach anfänglicher Skepsis (»Wer hat von meinem Tellerchen gegessen? Wer hat von meinem Brötchen genommen? Wer hat von meinem Gemüschen gegessen? Wer hat aus meinem Becherlein getrunken?«) – gegen Schneewittchens Verhalten nichts einzuwenden. Unter dem Eindruck ihres tragischen Schicksals und ihrer weiblichen Schönheit stellten sie keinen Strafantrag und genehmigten ihr Verhalten.

Ergebnis: Schneewittchen hat sich durch den Aufenthalt im Haus und den Verzehr der Lebensmittel nicht strafbar gemacht.[139]

D. DIE NACHT IM BETT DES SIEBTEN ZWERGES

Strafbares Verhalten der Zwerge

Vorbemerkung

Sich juristisch mit Zwergen zu befassen, mag dem einen oder anderen Leser auf den ersten Blick abwegig, wenn nicht gar abstrus erscheinen.

---

136 Vgl. die interessante Gegenüberstellung von Bettelheim, a.a.O., S. 241: »Wie anders benehmen sich Hänsel und Gretel, die oral fixierten Kinder, die gierig das Lebkuchenhaus aufessen.«

137 § 19 StGB, Schuldunfähigkeit des Kindes: Schuldunfähig ist, wer bei Begehung der Tat noch nicht vierzehn Jahre alt ist.

138 Vgl. zu Fragen der Strafmündigkeit meine ausführliche Darstellung im Fall Max und Moritz, S. 15 - 16. – Siehe ferner auch OLG Schleswig NJW 1989, S. 2207: »Es widerspricht nicht dem ordre public, einen Elfjährigen dem Strafrecht zu unterstellen und ihn als Beschuldigten zu vernehmen.«

139 Dieses Ergebnis folgt im übrigen auch der Erwägung, daß im Fall Schneewittchens ein rechtfertigender Notstand vorgelegen haben dürfte, welcher Schneewittchen das Betreten des Hauses und die Nahrungsaufnahme gestattete.

Spätestens aber seit dem berühmten »Zwergenurteil« des Oberlandesgerichts Hamburg aus dem Jahre 1988[140] können solche Einwände ausgeräumt werden. In dieser Grundsatzentscheidung, die in der Presse für riesiges Aufsehen sorgte, hatte ein Antragsteller mit Erfolg seine Miteigentümer dahingehend verklagt, die im Garten aufgestellten, »etwa 20 bis 25cm großen Gartenzwerge als Symbol der Engstirnigkeit und Dummheit zu entfernen«.[141]

Im Fahrwasser des Urteils widmete sich auch die Rechtswissenschaft plötzlich verstärkt den bisher zu Unrecht von ihr vernachlässigten Zwergen.[142] Erst unlängst hat z.B. mein Kollege Thomas Wagner eine völlig neuartige Übersicht zum Thema »Zwergologie« entwickelt, die eine wichtige Grundlage für die künftige kriminologische Erforschung der Zwerge bilden dürfte.[143] Wenn ich deshalb das Verhalten der sieben Zwerge und des Rumpelstilzchens strafrechtlich untersuche, erscheint mir dies als logische Fortsetzung der aufgezeigten Entwicklung in Rechtsprechung und Literatur.

Strafbares Verhalten des siebten Zwerges

Verführung, § 182 StGB

Schneewittchen schlief im Bett des siebten Zwerges. Da es sich nach dem überzeugenden kriminalpsychologischen Gutachten von Staatsanwalt Dr. Wulfen[144], bei dem Märchen von der Königstochter Schneewittchen um »eine unzweideutige sexualkriminelle Schilderung« handelt, muß die Frage aufgeworfen werden, ob sich der siebte Zwerg[145] der Verführung Schneewittchens strafbar gemacht hat. *Bruno Bettelheim* äußert sich zu der »Bettszene« in der Zwergenunterkunft wie folgt: »Angesichts der übli-

---

140 Siehe OLG Hamburg, NJW 1988, S. 2052 ff.
141 OLG Hamburg, NJW 1988, S. 2052: »Während die einen in der Aufstellung von Gartenzwergen den Ausdruck von Beschränktheit und das Zeichen des schlechten Geschmacks sehen, sind die anderen zu mildem Urteil und humorvoller Duldung einer in einer langen Tradition begründeten Einrichtung geneigt. Das zeigen die Zitate des Amtsgerichts aus dem bei ihm angeführten literarischen Werk über Gartenzwerge.«
142 Vgl. z.B. den aufsehenerregenden Aufsatz von Tibulski-Schribbeneck, H.: Das Staatsrecht im Staate ›Lilliput‹ − eine rechtliche Betrachtung von Gullivers Reisen, in: Zeitschrift für Völkerkunde und Recht, Hamburg 1989, S. 356 - 401.
143 Wagner, Thomas: Handbuch zur Zwergenkunde, Solingen 1989.
144 Wulfen, a.a.O., S. 352, abgedruckt in diesem Buch im Anhang B.
145 Vgl. zur magischen Zahl »sieben«: Dörner, StAZ 1980, S. 170.

chen Überzeugung von der Unschuld Schneewittchens erscheint die Ansicht, es könne unbewußt riskiert haben, mit einem Mann in einem Bett zu schlafen, einfach empörend. Doch damit, daß Schneewittchen sich dreimal von der verkleideten Königin verführen läßt, zeigt es, daß es wie die meisten Menschen recht leicht zu verführen ist.«[146]

Ob es aber im Bett des siebten Zwerges tatsächlich zum letzten gekommen ist, kann im nachhinein nicht mehr hinreichend sicher festgestellt werden. Der Sachverhalt spricht sogar eher für eine komplette Unschuld des Zwerges:

»Der siebente Zwerg aber schlief bei seinen Gesellen, bei jedem eine Stunde, da war die Nacht herum.«[147]

Ergebnis: Dem siebenten Zwerg kann eine Verführung Schneewittchens nicht nachgewiesen werden.

E. DER SCHICKSALSBERICHT SCHNEEWITTCHENS

a) Strafbares Verhalten der Zwerge

Nichtanzeige einer geplanten Straftat, § 138 Abs. 1 Ziff. 6 StGB[148]

Die Zwerge erfuhren aus erster Quelle von den Mordplänen der Königin, denn Schneewittchen »erzählte es ihnen, daß seine Stiefmutter es hätte wollen umbringen lassen«. Gleichwohl erstatteten sie bei den zuständigen Behörden keine Strafanzeige.[149] Die Zwerge beschränkten sich vielmehr

---

146 Bettelheim, a.a.O., S. 240. – Siehe in dem Zusammenhang auch Sexton, Anne: Transformations, Houghton Mifflin, Boston 1971; Anne Sexton spielt in ihrer poetischen Wiedergabe von Schneewittchen auch auf die phallische Natur der Zwerge an, wenn sie von den Zwergen als »den kleinen hot dogs« spricht. – Vgl. in dem Zusammenhang wiederum Bettelheim, a.a.O., S. 243: »Diese ›Männlein‹ mit ihren im Wachstum zurückgebliebenen Körpern und ihrem Beruf – bei dem sie geschickt in dunkle Höhlen eindringen – lassen an eine phallische Nebenbedeutung denken.«

147 Da die Nacht aber normalerweise mehr als sechs Stunden hat, könnte diese Zitatstelle allerdings auch gegen den Zwerg verwendet werden – wo war er die übrigen Nachtstunden? Vielleicht doch bei Schneewittchen?

148 § 138 StGB, Nichtanzeige geplanter Straftaten: Wer von dem Vorhaben oder der Ausführung (...) eines Mordes, Totschlags oder Völkermordes (§§ 211, 212, 220a) (...) zu einer Zeit, zu der die Ausführung oder der Erfolg noch abgewendet werden kann, glaubhaft erfährt und es unterläßt, der Behörde oder dem Bedrohten rechtzeitig Anzeige zu machen, wird mit Freiheitsstrafe bis zu fünf Jahren oder mit Geldstrafe bestraft.

149 Vgl. dazu Geilen, Gerd: Unterlassene Verbrechensbekämpfung und ernsthafte Abwendungsbemühung, JuS 1965, S. 426; Köhler: Die Unterlassung der Verbrechensanzeige,

auf ebenso gut gemeinte wie erfolglose Ratschläge zur Verbrechensver-
hütung:

»Hüte dich vor deiner Stiefmutter, die wird bald wissen, daß du hier
bist; laß niemand herein.«

Eine Strafbarkeit der Zwerge wegen Nichtanzeige einer geplanten Straftat ist deshalb auf den ersten Blick naheliegend, § 138 Abs. 1 Ziffer 6
StGB. Die Anzeige kann allerdings wahlweise der Behörde oder dem
Bedrohten erstattet werden. Der Anzeigepflichtige hat dabei die Wahl,
welchen Weg er gehen will.[150] Die Zwerge hätten also grundsätzlich nur
Schneewittchen über die ihr drohenden Attentate informieren müssen, um
straffrei auszugehen. Da Schneewittchen aber die ihr drohenden, mörderi-
schen Gefahren schon kannte – sie war es ja gerade, die die Zwerge darüber informiert hatte – war eine Anzeige unnötig. In der Literatur heißt
es dazu kurz und bündig:

»Eine Anzeigepflicht entfällt grundsätzlich dann, wenn der Bedrohte
von dem gegen ihn geplanten Anschlag weiß.«[151]

E r g e b n i s : Die sieben Zwerge haben trotz des Umstands, daß sie die
zuständigen Strafverfolgungsbehörden über die kriminellen Pläne der
Königin nicht informierten, keine Straftat nach § 138 StGB begangen.

b) Strafbares Verhalten Schneewittchens

Nichtanzeige geplanter Straftaten, § 138 Abs. 1 Ziff. 6 StGB

Der Vollständigkeit halber sei erwähnt, daß Schneewittchen als Bedrohte
keine Anzeigepflicht bezüglich der ihr drohenden Mordanschläge traf. Sie
brauchte Polizei oder Staatsanwaltschaft nicht zu informieren, sondern
konnte sich auf › die Anzeige an sich selbst ‹ beschränken.[152]

SStR 1936, 397; Schwarz, Joachim: Die unterlassene Verbrechensanzeige, o.O. 1968; ob
die königlichen Staatssicherheitsbehörden auf Anzeige der Zwerge überhaupt gegen die
Königin vorgegangen wären, sei hier dahingestellt – zu Recht zweifelnd: Wagner,
Thomas: Handbuch der Zwergenkunde, Solingen 1989, S. 134 Fn. 13.

150 Siehe Sch-Sch., a.a.O., § 138 StGB, Rn. 13.
151 Sch-Sch., a.a.O., § 138 StGB, Rn. 2.
152 Ich folge insoweit der äußerst spitzfindigen Gedankenführung von Dreher, a.a.O., § 138
StGB, Rn. 11; im Ergebnis: ebenso Sch-Sch., a.a.O., § 138 StGB, Rn. 19. – Kritisch
hierzu allerdings Maurach BT, S. 724. – Bei gemeingefährlichen Delikten ist allerdings
auch ein Bedrohter anzeigepflichtig, vgl. Sch-Sch., a.a.O., § 138 StGB, Rn. 19. – Vgl.
auch RG JW 1932, 57.

Ergebnis: Schneewittchen hat sich nicht nach § 138 StGB strafbar gemacht.

F. DAS AN SCHNEEWITTCHEN GERICHTETE VERLANGEN DER ZWERGE NACH DURCHFÜHRUNG VON HAUSARBEIT

1. Nötigung, § 240 StGB

Die Zwerge zeigten sich von Schneewittchens Aussehen und ihrem Bericht über ihr Unglück beeindruckt. Gleichwohl machten sie Schneewittchen sofort unmißverständlich klar, daß ein weiterer Aufenthalt im Zwergenhaus nur gegen Durchführung regelmäßiger, gewissenhafter Hausarbeit gewährt werden könne[153]: »Willst du unsern Haushalt versehen, kochen, betten, waschen, nähen und stricken, und willst du alles ordentlich und reinlich halten, so kannst du bei uns bleiben, und es soll dir an nichts fehlen.«

Die Zwerge könnten damit die besondere Notlage des armen Schneewittchens in verwerflicher Weise ausgenutzt haben. Immerhin drängten sie das Mädchen nachhaltig zum Abschluß und zur Befolgung eines Dienstvertrages nach § 611 BGB[154], den dieses unter »normalen Umständen« − frei von Verfolgung durch die Stiefmutter − vielleicht niemals abgeschlossen hätte.[155] Gegen eine strafbare Nötigung spricht allerdings die Reaktion Schneewittchens auf das Ansinnen der Zwerge.[156] Sie ergab sich nicht widerwillig einem möglichen Nötigungsdruck, sondern griff das Vertragsangebot der Zwerge über die haushälterische Betreuung äußerst bereitwillig auf[157]:

»Ja, von Herzen gern.«

Deutlicher kann ein tatbestandausschließendes Einverständnis nicht erklärt werden. Es führt zur Straflosigkeit der Hausherren.

---

153 Vgl. in dem Zusammenhang auch Bettelheim, a.a.O., S. 242: »Die sieben Zwerge lassen an die sieben Tage der Woche denken − Tage, die mit Arbeit ausgefüllt sind.«

154 Vgl. dazu auch Palandt: Kommentar zum BGB, München 1988, § 611 BGB, Anm. 1 b).

155 Ob der Vertrag überhaupt wirksam war, erscheint ohnehin bedenklich. Vgl. §§ 108, 138, 242, 826 BGB.

156 Bettelheim, a.a.O., S. 242, bezeichnet die Zwerge übrigens als solche von der »hilfreichen Sorte«. − Zweifelnd Wagner, Th.: Handbuch der Zwergenkunde, a.a.O., S. 367.

157 Siehe dazu die besonders kritische, ja geradezu polemische Stellungnahme zu Schneewittchens Arbeitsaufnahme von Röhnelt, Inge: Schneewittchen als Haushälterin der sieben Zwerge oder Die fehlende Emanzipation der Frau im deutschen Volksmärchen, Düsseldorf 1984, S. 356 ff.

E r g e b n i s : Die Zwerge haben Schneewittchen nicht zur Hausarbeit genötigt bzw. nötigen müssen.

2. Verstöße gegen das Jugendarbeitsschutzgesetz

Die sieben Zwerge haben Schneewittchen gegen Gewährung von Unterkunft und Verpflegung als Haushälterin angestellt. Nach den Vorschriften des Jugendarbeitsschutzgesetzes ist die Beschäftigung von Kindern und von Jugendlichen unter 15 Jahren verboten. Schneewittchens genaues Alter ist allerdings nicht bekannt; fest steht lediglich, daß sie zum Tatzeitpunkt noch nicht 16 Jahre alt war.[158]

Dies reicht aus, um die Zwerge entweder wegen verbotener Kinderarbeit oder wegen verbotener Beschäftigung Jugendlicher unter 15 Jahren zu bestrafen.

E r g e b n i s : Die sieben Zwerge haben durch die Beschäftigung Schneewittchens gegen das Jugendarbeitsschutzgesetz verstoßen, §§ 2, 5 Abs. 1, 58 Abs. 1 Ziffer 1 oder §§ 2, 7 Abs. 1, 58 Abs. 1 Ziffer 3 Jugendarbeitsschutzgesetz.[159] Der Ausnahmetatbestand des § 7 Abs. 2 Ziffer 2 Jugendarbeitsschutzgesetz, wonach Jugendliche bis 15 Jahre mit »leichten und für sie geeigneten Tätigkeiten bis zu sieben Stunden täglich und 35 Stunden wöchentlich beschäftigt werden dürfen«, lag bei einer kompletten Versorgung von sieben − wenn auch kleinen − Männern nicht vor.

G. DIE ATTENTATE DER VERKLEIDETEN KÖNIGIN

a) Der Anschlag auf Schneewittchen mit dem Schnürriemen

1. Versuchter Mord, §§ 22, 23, 211 StGB

Die Königin hat unter Verstoß gegen die Gewerbeordnung[160] als Krämerin verkleidet versucht, Schneewittchen mit einem Schnürriemen aus niedrigen Beweggründen und heimtückisch[161] zu töten;

---

158 Vgl. Holzäpfel, Mathias: Das Alter Schneewittchens − neuere Studien anhand unbekannter Handschriften der Gebrüder Grimm, Rottach-Egern 1967, S. 267 - 268.

159 Es handelt sich um eine sog. Wahlfeststellung, die nach ständiger Rechtsprechung zulässig ist. − Vgl. BGHSt. 9, 390.

160 Vgl. im einzelnen dazu Fn. 172.

161 Der Verfasser folgt hier ausnahmsweise der Rechtsprechungsansicht zum Heimtückebegriff, die ein Ausnutzen der Arg- und Wehrlosigkeit als ausreichend ansieht. − Vgl. zur Problematik Günther, J.-M.: Der Fall Max und Moritz, a.a.O., S. 57 - 58, mit weiteren Nachweisen.

»... die Alte schnürte geschwind und schnürte so fest, daß Schneewittchen der Atem verging und es für tot hinfiel.«

Glücklicherweise konnte das Opfer, das der Mode vergangener Zeiten entsprechend für sein Mieder Schnürriemen brauchte[162], kurz nach der frevelhaften Tat von den Zwergen gerettet werden. Schneewittchen »ward nach und nach wieder lebendig«.

Ergebnis: Die Königin hat sich durch das Schnüren von Schneewittchen des versuchten Mordes strafbar gemacht.

2. Gefährliche Körperverletzung, §§ 223, 223 a StGB[163]

Schneewittchen wurde beim »Schnürriemen-Mordanschlag« bewußtlos, erlitt also eine Körperverletzung. Da die Körperverletzung »mittels eines gefährlichen Werkzeugs« begangen wurde, liegt objektiv sogar eine Straftat nach § 223 a StGB vor[164]; man denkt unwillkürlich an den bekannten Parallelfall des zum Würgen benutzten Damenstrumpfes.[165]

Da die Königin Schneewittchen »eigentlich« töten wollte, könnte allenfalls fraglich sein, ob die stattdessen »nur« eingetretene Körperverletzung von ihr überhaupt gewollt war. Nach der sog. Gegensatztheorie schließt der Tötungsvorsatz schon begrifflich das gleichzeitige Vorliegen eines bloßen Körperverletzungsvorsatzes aus.[166] Diese Auffassung ist aber verfehlt, wie gerade das Schnürriemenattentat eindrucksvoll zu belegen vermag. Schritt für Schritt sollte mit zunehmendem Verschnüren von Schneewittchen der Tod durch Ersticken eintreten. Der Körperverletzungsvorsatz war damit notwendigerweise im Tötungsvorsatz mitenthalten.[167]

Ergebnis: Die Königin hat sich mit dem Schürriemenattentat auch der gefährlichen Körperverletzung zum Nachteil von Schneewittchen strafbar gemacht.

---

162 Siehe Bettelheim, a.a.O., S. 245
163 § 223 a StGB, Gefährliche Körperverletzung: Ist die Körperverletzung mittels einer Waffe, insbesondere eines Messers oder eines anderen gefährlichen Werkzeugs, oder mittels eines hinterlistigen Überfalls oder von mehreren gemeinschaftlich oder mittels einer das Leben gefährdenden Behandlung begangen, so ist die Strafe Freiheitsstrafe bis zu fünf Jahren oder Geldstrafe.
164 Übrigens auch in Form eines »hinterlistigen Überfalls« – vgl. dazu ausführlich Günther, J.-M.: Der Fall Max und Moritz, a.a.O., Seite 43.
165 Vgl. Sch-Sch., § 223 a StGB, Rn. 4. – Anderer Ansicht bei einem derartigen Fall aber OLG Braunschweig NdsRpfl. 1957, 17: »mittels einer lebensgefährlichen Behandlung.«
166 Vgl. RG Strafs. 61, 375. – Siehe dazu auch Günther, J.-M.: Der Fall Max und Moritz, a.a.O., S. 60.
167 Sog. Einheitstheorie; vgl. Weber, in: Jura 1983, S. 548. – Wie üblich differenzierend: Sch-Sch., § 212 StGB, Rn. 18 ff.

3. Mißhandlung von Schutzbefohlenen, § 223 b StGB

Schneewittchen unterstand als Stiefkind der Fürsorge und Obhut der Königin.[168] Durch ihr fortgesetztes verbrecherisches Handeln hat die Königin ihre gesetzlichen Betreuungspflichten gleichermaßen nachhaltig wie böswillig verletzt.

Ergebnis: Die Stiefmutter Schneewittchens hat eine Mißhandlung einer Schutzbefohlenen begangen, § 223 b StGB.[169]

b) Der Anschlag auf Schneewittchen mit dem vergifteten Kamm

1. Versuchter Mord, §§ 22, 23, 211 StGB

Obwohl die ersten zwei Mordanschläge mißlungen waren, ließ sich die Königin in ihren kriminellen Plänen nicht beirren. Man wird unwillkürlich an ein großes Wort *Friedrich Schillers*[170] erinnert:

»Das eben ist der Fluch der bösen Tat,
Daß sie, fortzeugend, immer Böses
muß gebären.«[171]

Die Stiefmutter verkaufte in ihrer Bosheit Schneewittchen einen giftigen Kamm, obwohl z.B. nach § 56 Abs. 1 Ziffer 1 b) Gewerbeordnung im Reisegewerbe der »Vertrieb von Giften und gifthaltigen Waren verboten ist«.[172]

Kaum hatte Schneewittchen sich den Kamm in die Haare stecken lassen, wirkte das darin anhaftende (Kontakt–)Gift mit der Folge, daß Schneewittchen »ohne Besinnung niederfiel«. Schneewittchen konnte zum zweiten Mal gerade noch von den Zwergen gerettet werden, indem man den giftigen Kamm aus ihrem Haar zog. Angesichts dieser Fakten, ist ein weiterer Mordversuch (niedrige Beweggründe, Heimtücke) dem Strafregister der Königin »gutzuschreiben«.

---

168 Sch-Sch., § 223 b StGB, Rn. 7.
169 Siehe dazu auch die grundlegende Darstellung von Ullrich, Die Kindesmißhandlung in strafrechtlicher, kriminologischer und gerichtsmedizinischer Sicht, o.O. 1964.
170 Lesenswert ist in dem Zusammenhang übrigens: Gerland: Schiller und das Recht, o.O. 1933.
171 Schiller, Friedrich: Werkauswahl in drei Bänden; Band 3, Leipzig 1955, S. 262.
172 Die Tätigkeit der Stiefmutter war übrigens grundsätzlich reisegewerbekartenfrei, allerdings über §§ 59,57 GewO zu untersagen; die kriminelle Königin besaß für die Verkaufstätigkeit nicht die nach dem Gesetz »erforderliche Zuverlässigkeit«.

Ergebnis: Die Stiefmutter Schneewittchens hat mit dem »Kamm-Attentat« erneut einen versuchten Mord begangen.

2. Vergiftung, § 229 StGB[173]

Die Königin ist auch wegen schwerer Vergiftung Schneewittchens zur Verantwortung zu ziehen. Durch den präparierten Kamm wollte sie absichtlich deren Gesundheit beschädigen.[174]

Wie die Wirkung des Giftkamms zeigte, war das von der Stiefmutter beigebrachte Gift geeignet, Schneewittchens Gesundheit zu zerstören. Es handelte sich, wie bereits erwähnt, ganz offensichtlich um ein sog. Kontaktgift.[175]

Ergebnis: Die Stiefmutter hat sich einer schweren Vergiftung Schneewittchens strafbar gemacht, § 229 StGB.

3. Gefährliche Körperverletzung, §§ 223, 223 a StGB

Das »Kamm-Attentat« gefährdete das Leben Schneewittchens. Außerdem wurde die Tat mit einem »gefährlichen Werkzeug« begangen; spätestens seit dem »Ätherfall« fällt auch Gift unter diesen Begriff.[176]

Ergebnis: Die Königin hat mit dem »Kamm-Attentat« auch eine gefährliche Körperverletzung begangen, §§ 223, 223 a StGB.

---

173 § 229 StGB, Vergiftung: (1) Wer einem anderen, um dessen Gesundheit zu beschädigen, Gift oder andere Stoffe beibringt, welche die Gesundheit zu zerstören geeignet sind, wird mit Freiheitsstrafe von einem Jahr bis zu zehn Jahren bestraft.

(2) Ist durch die Handlung eine schwere Körperverletzung (§ 224) verursacht worden, so ist auf Freiheitsstrafe nicht unter fünf Jahren und, wenn durch die Handlung der Tod verursacht worden ist, auf lebenslange Freiheitsstrafe oder auf Freiheitsstrafe nicht unter zehn Jahren zu erkennen.

174 Auch bei § 229 StGB stellt nach der hier vertretenen Auffassung eine Gesundheitsbeschädigung ein bloßes Durchgangsstadium zur Tötung dar – der Tötungsvorsatz schließt deshalb die Gesundheitsbeschädigungsabsicht nicht aus. – Wie hier: Krey, Volker: Grundfälle zu den Straftaten gegen das Leben, in: JuS 1971, S. 141. – Und Hirsch, LK, § 229 StGB, Rn. 16. – Anders: Roxin-Schünemann-Haffke: Strafrechtliche Klausurenlehre, 3. Auflage, Köln u.a. 1977, S. 189.

175 Siehe auch BGH NJW 1976, S. 1851, wonach es für die strafrechtliche Annahme einer Vergiftung sogar ausreicht, wenn das Gift die Gesundheit allein von außen zerstört.

176 Vgl. BGH b. Dallinger: Betäubung durch Äther, MDR 1968, S. 373. – Einschlägig ist ferner BGHSt. 1,2 m. Anm. Hüller: Hineinschütten von Brennspiritus in Bier, in LM Nr. 1.

c) Das Apfelattentat

Mord, § 211 StGB

Am Schluß hatten die Mordbemühungen »Erfolg«. Schneewittchen aß den verhängnisvollen giftigen Apfel, der ihr von der verkleideten Königin auf besonders heimtückische Weise gereicht wurde. Die Täterin biß nämlich demonstrativ in die weiße Hälfte des Apfels, während Schneewittchen die vergiftete rote Backe zum Verzehr bekam. (»Der Apfel war aber so künstlich gemacht, daß der rote Backen allein vergiftet war.«)[177] Kaum hatte es einen Bissen des Apfels im Mund, »so fiel es tot zur Erde«.[178]

Trotz der eindeutigen Beweislage streitet aber die Giftmörderin ihre Tat ab. *Johann Friedrich Konrad* hat nach aufwendigen Recherchen die lange verloren geglaubten Vernehmungsprotokolle der Stiefmutter ausfindig machen können.

Gegenüber der Kriminalpolizei verteidigte sich die angeschuldigte Königin wie folgt:

»Ich besuchte Schneewittchen zuweilen und brachte ihr Kleider, Toilettenartikel und was Schönes zu essen. Es war zwar das alte Lied; solange sie mit mir allein war, sagte sie mir häßliche Worte, hörte sie dann die Knaben kommen, fiel sie in Ohnmacht. Wie ihr Vater, haben mir auch diese unerfahrenen Jungs das als Mordversuch angekreidet. Und selbst zwergenhafte Verleumdungen können riesenhafte Folgen haben!«[179]

---

177 Zur Apfelteilung aus psychologischer Sicht, Bettelheim, a.a.O., S. 246: »In Schneewittchen teilen sich Mutter und Tochter den Apfel. Was der Apfel hier symbolisiert, ist etwas, was Mutter und Tochter miteinander gemeinsam haben und was noch tiefer geht als ihre Eifersucht aufeinander – ihre reifen sexuellen Begierden.« – Die Tat erinnert von der kriminellen Energie her an das verbrecherische Treiben der Marie Madeleine Marquise de Brinvilliers im 17. Jahrhundert – diese Adlige mordete mit Hilfe des Arsenikwassers und trieb mit ihrem ›Eau admirable‹ einen schwunghaften Handel. (Vgl. Thorwald, Jürgen: Das Jahrhundert der Detektive, Zürich 1965, S. 320). – Siehe in dem Zusammenhang auch den berühmten »Hexenfall« des Bundesgerichtshofes, BGH MDR 1979, S. 29.

178 An anderer Stelle heißt es: »Die Zwerglein, wie sie abends nach Hause kamen, fanden Schneewittchen auf der Erde liegen, und es ging kein Atem mehr aus seinem Mund, und es war tot.« – Vgl. zur Frage des Todes von Schneewittchen aber auch Willy Pribil: Schneewittchen – frei nach Sigmund Freud, in: Rumold, Barbara (Hrsg.): Schneewittchen Total, Frankfurt 1987, S. 36: eine nur »totenähnliche cerebrale Lähmung Schneewittchens«.

179 Konrad, Johann Friedrich: Schneewittchens Mutter erzählt, in: Rumold, Barbara (Hrsg.): Schneewittchen Total, Frankfurt 1987, S. 46.

Angesichts der objektiven Fakten braucht nicht näher ausgeführt werden, daß es sich hier um reine Schutzbehauptungen einer skrupellosen Giftmischerin handelt.

Ergebnis: Die Stiefmutter Schneewittchens hat sich mit ihrem »Apfel-Attentat«[180] des Mordes strafbar gemacht, § 211 StGB.[181] Der Umstand, daß ihr Opfer angeblich nach langer Zeit auf wundersame Weise wiederbelebt wurde[182], vermag die Täterin nicht zu entlasten.[183]

H. DAS AUFBEWAHREN VON SCHNEEWITTCHEN IM GLÄSERNEN SARG

1. Verstöße der sieben Zwerge gegen die Verordnung über das Leichenwesen[184]

Es kommen zahlreiche Verstöße der Zwerge gegen die Leichenwesenverordnung in Betracht. Zum einen haben sie Schneewittchen in einen Glassarg gebettet, obwohl nach dem eindeutigen Wortlaut von § 1 Abs. 1 LeichenwesenVO »Leichen in Särgen aus einem Material zu bestatten sind, das im Boden von Begräbnisplätzen selbst verrottet (Erdbestattung).«

Zum anderen muß jede Leiche nach § 4 Abs. 1 LeichenwesenVO »innerhalb von 120 Stunden nach dem Tode bestattet werden«, während die Zwerge sich auf den Standpunkt stellten: »Das können wir nicht in die

---

180 Zur besonderen Bedeutung von Äpfeln vgl. Bettelheim, a.a.O., S. 246: »Ein Apfel, den Aphrodite, die Göttin der Liebe, bekam und der bewies, daß Paris sie den keuschen Göttinnen vorzog, führte zum Trojanischen Krieg. In der Bibel war es der Apfel, durch den der Mensch dazu verführt wurde, seine Unschuld aufzugeben, um dafür Wissen und Sexualität zu erlangen.«

181 Die Körperverletzungsdelikte – insbesondere § 229 StGB – können angesichts des vollendeten Mordes vernachlässigt werden.

182 Ein medizinisches Wunder – zu Recht zweifelnd gegenüber medizinischen Wundern AG München, NJW 1987, S. 1425, 1426: »Wunder kommen in aller Regel nur in Lourdes vor, wenn beispielsweise ein Blinder wieder sehen kann oder ein Lahmer wieder gehen kann.« – Siehe auch Eser, Albin: Das Humanexperiment, Schröder-Gedächtnis-Schrift, München 1978, S. 191.

183 Aber: Tibulski-Schribbeneck, H.: Jugendliche Deliquenz und ihre Ursachen, Märchen vor Gericht, S. 175.

184 Beispielhaft wurde das Recht von NRW angewandt – ähnliche Verordnungen gibt es in allen Bundesländern; Ordnungsbehördliche Verordnung über das Leichenwesen vom 7.8.1980 GV NW S. 756/SGV NW 2127.

schwarze Erde versenken.« Sie lehnten eine Erdbestattung Schneewittchens rechtswidrig ab. Der Umstand, daß die ›Tote‹ entgegen allen gerichtsmedizinischen Grundregeln offenbar nicht verweste, entlastete die Zwerge dabei nicht.[185]

Schließlich stellten die Zwerge den Glassarg mit dem toten Schneewittchen dauerhaft auf einen Berg zur Besichtigung, was ebenfalls bestattungsrechtlich streng verboten ist. Wenn selbst bei Begräbnisfeierlichkeiten nach § 9 LeichenwesenVO »das öffentliche Ausstellen von Leichen« untersagt ist, gilt dieses Verbot erst recht für die Zeit danach.

Ergebnis: Es liegen Verstöße der Zwerge gegen §§ 1 Abs. 1, 4 Abs. 1 und 9 der LeichenwesenVO vor.

2. Strafprozessuale Aspekte bei der Bestattung Schneewittchens

Anläßlich des Vergiftungstodes von Schneewittchen sei auf einige Richtlinien für das Strafverfahren hingewiesen, die in dem Zusammenhang von allgemeinem Interesse sein dürften (»Richtlinien für das Strafverfahren und das Bußgeldverfahren«).[186] Sie geben einen Einblick in die vorgeschriebene Verfahrensweise bei Vergiftungsfällen, deren Einhaltung auch im Fall Schneewittchen aus Beweisgründen wünschenswert gewesen wäre.

Richtlinie Nr. 33 (Leichenschau)

Sind Anhaltspunkte dafür vorhanden, daß jemand eines nicht natürlichen Todes gestorben ist oder wird die Leiche eines Unbekannten gefunden, so prüft der Staatsanwalt, ob eine Leichenschau oder eine Leichenöffnung erforderlich ist. Eine Leichenschau wird regelmäßig schon dann nötig sein, wenn eine Straftat als Todesursache nicht von vornherein ausgeschlossen werden kann. Die Leichenschau soll möglichst am Tatort oder am Fundort der Leiche durchgeführt werden.

---

185 Vgl. die grundlegende Darstellung von Gaedke, Jürgen: Handbuch des Friedhofs- und Bestattungsrechts, Köln 1983, S. 13 ff. – Wichtig ist ferner die Abhandlung von Wietkamp, Helmut: Probleme des Anschluß- und Benutzungszwangs unter besonderer Berücksichtigung des Bestattungswesens, Diss., Münster 1962. – Äußerst lesenswert ist in diesem Zusammenhang auch ein Gutachten von Prof. Dr. Hermann Weber mit dem Titel »Benutzungszwang für Friedhofskapellen und friedhofseigene Leichenkammern auf kirchlichen Friedhöfen«, Nachdruck als Broschüre aus der Fachzeitschrift »Das Bestattungsgewerbe« Nr. 3 und 4/1989. Herrn Prof. Weber sei an dieser Stelle ausdrücklich für die Übersendung gedankt. – Vgl. zum Friedhofzwang für Urnen: BVerfG NJW 1979, S. 1493.

186 RiStBV vom 1.1.1977 in der ab 1.4.1984 geltenden Fassung, abgedruckt in Kleinknecht/Meyer, StPO, 37. Auflage, München 1985, Anhang H 1.

Richtlinie Nr. 34 (Exhumierung)

Bei der Ausgrabung einer Leiche sollte einer der Obduzenten anwesend sein. Liegt der Verdacht einer Vergiftung vor, so ist das Mittelstück der Bodenfläche des Sarges herauszunehmen und aufzubewahren; von dem Erdboden, auf dem der Sarg stand, und von dem gewachsenen Boden der Seitenwände des Grabes sind zur chemischen Untersuchung und zum Vergleich Proben zu entnehmen. In solchen Fällen empfiehlt es sich, zur Ausgrabung und zur Sektion der Leiche den chemischen Sachverständigen eines Untersuchungsinstitutes beizuziehen, damit er die Aufnahme von Erde, Sargschmuck, Sargteilen, Kleiderstücken und Leichenteilen selbst vornehmen kann.

Richtlinie Nr. 35 (Entnahme von Leichenteilen)

Der Staatsanwalt hat darauf hinzuwirken, daß bei der Leichenöffnung Blut- und Harnproben, Mageninhalt oder Leichenteile entnommen werden, falls es möglich ist, daß der Sachverhalt durch deren eingehende Untersuchung weiter aufgeklärt werden kann. Manchmal, z.B. bei mutmaßlichem Vergiftungstod, wird es sich empfehlen, einen besonderen Sachverständigen zuzuziehen, der diese Bestandteile bezeichnet.

Werden Leichenteile zur weiteren Begutachtung versandt, so ist eine Abschrift der Niederschrift über die Leichenöffnung beizufügen. Die Ermittlungsakten sind grundsätzlich nicht zu übersenden.

I. DER TANZ DER KÖNIGIN IN DEN GLÜHENDEN SCHUHEN

Strafbarkeit Schneewittchens und ihres Ehemannes (König)

Totschlag, § 212 StGB

Die mörderische Stiefmutter wurde im Schloß gezwungen, rotglühende Schuhe anzuziehen, in denen sie sich zu Tode tanzen mußte. Eine Straftat Schneewittchens und ihres Mannes ist nicht auszuschließen, denn wahrscheinlich waren sie es, die die grausame Bestrafung der Stiefmutter verfügt hatten.[187] Selbstjustiz ist aber verboten. In Art 101 Abs. 1 GG heißt

---

187 Selbst in der an drastischen Strafen nicht armen »Peinlichen Halsgerichtsordnung« war nach Artikel 34 und 95 lediglich das »Reißen mit glühenden Zangen« vorgesehen. (Diesen interessanten rechtshistorischen Hinweis verdanke ich Herrn Regierungsrat z. A. Wagner.)

es: »Ausnahmegerichte sind unzulässig. Niemand darf seinem gesetzlichen Richter entzogen werden.« Angesichts der von der Stiefmutter ausgehenden Gefahren, die neben enormer krimineller Potenz auch über Zauberkünste verfügte (»und mit Hexenkünsten, die sie verstand, machte sie einen giftigen Kamm«), dürften aber Schneewittchen und ihrem Mann zumindestens die Einsicht gefehlt haben, der kriminellen Stiefmutter durch den Befehl zum tödlichen Schuhtanz bei Anwendung rechtsstaatlicher Grundsätze Unrecht getan zu haben. Ein solcher Fall des Verbotsirrtums führt nach § 17 StGB zur Straflosigkeit.[188]

Der Vollständigkeit halber sei erwähnt, wie die Stiefmutter die Bestrafung empfunden hat. In ihren bereits erwähnten Aussageprotokollen heißt es:

»Jedenfalls kam das Pärchen schon mit fertigem Gerichtsurteil zur Hochzeit nach Hause: Wegen mehrfachen Mordversuchs Tod in glühenden Schuhen. Ich tanzte nur einen Samba, dann war ich verglüht und – frei!«[189]

Ergebnis: Schneewittchen und ihr Mann haben sich wegen des Befehls zum grausamen Schuhtanz nicht des Totschlags an der Stiefmutter strafbar gemacht.[190]

---

188 § 17 StGB, Verbotsirrtum: Fehlt dem Täter bei Begehung der Tat die Einsicht, Unrecht zu tun, so handelt er ohne Schuld, wenn er diesen Irrtum nicht vermeiden konnte. Konnte der Täter den Irrtum vermeiden, so kann die Strafe nach § 49 Abs. 1 gemildert werden.

189 Konrad, J. F.: a.a.O., S. 46; die Protokolle belegen übrigens die Gefährlichkeit der Stiefmutter – wie sonst hätten sie nach ihrem Tod aufgenommen werden können?

190 Gleiches gilt für die vorhergehende Nötigung zum Tanzen; so auch Kächele, Eugen: Der Tanz im Wandel der Zeiten, Leichlingen/Opladen 1988, S. 166.

ROTKÄPPCHEN

Es war einmal eine kleine süße Dirne, die hatte jedermann lieb, der sie nur ansah, am allerliebsten aber ihre Großmutter, die wußte gar nicht, was sie alles dem Kinde geben sollte. Einmal schenkte sie ihm ein Käppchen von rotem Sammet, und weil ihm das so wohl stand und es nichts anders mehr tragen wollte, hieß es nur das Rotkäppchen. Eines Tages sprach seine Mutter zu ihm: »Komm, Rotkäppchen, da hast du ein Stück Kuchen und eine Flasche Wein, bring das der Großmutter hinaus; sie ist krank und schwach und wird sich daran laben. Mach dich auf, bevor es heiß wird, und wenn du hinauskommst, so geh hübsch sittsam und lauf nicht vom Weg ab, sonst fällst du und zerbrichst das Glas, und die Großmutter hat nichts. Und wenn du in ihre Stube kommst, so vergiß nicht, guten Morgen zu sagen, und guck nicht erst in alle Ecken herum.«

»Ich will schon alles gut machen«, sagte das Rotkäppchen zur Mutter und gab ihr die Hand darauf. Die Großmutter aber wohnte draußen im Wald, eine halbe Stunde vom Dorf. Wie nun das Rotkäppchen in den Wald kam, begegnete ihm der Wolf. Rotkäppchen aber wußte nicht, was das für ein böses Tier war, und fürchtete sich nicht vor ihm. »Guten Tag, Rotkäppchen«, sprach er. »Schönen Dank, Wolf.« – »Wo hinaus so früh,

Rotkäppchen?« – »Zur Großmutter.« – »Was trägst du unter der Schürze?« – »Kuchen und Wein: gestern haben wir gebacken, da soll sich die kranke und schwache Großmutter etwas zugut tun und sich damit stärken.« – »Rotkäppchen, wo wohnt deine Großmutter?« – »Noch eine gute Viertelstunde weiter im Wald, unter den drei großen Eichbäumen, da steht ihr Haus, unten sind die Nußhecken, das wirst du ja wissen«, sagte Rotkäppchen. Der Wolf dachte bei sich: »Das junge zarte Ding, das ist ein fetter Bissen, der wird noch besser schmecken als die Alte: du mußt es listig anfangen, damit du beide erschnappst.« Da ging er ein Weilchen neben Rotkäppchen her, dann sprach er: »Rotkäppchen, sieh einmal die schönen Blumen, die ringsumher stehen, warum guckst du dich nicht um? Ich glaube, du hörst gar nicht, wie die Vöglein so lieblich singen? Du gehst ja für dich hin, als wenn du zur Schule gingst, und ist so lustig haußen in dem Wald.«

Rotkäppchen schlug die Augen auf, und als es sah, wie die Sonnenstrahlen durch die Bäume hin und her tanzten und alles voll schöner Blumen stand, dachte es: »Wenn ich der Großmutter einen frischen Strauß mitbringe, der wird ihr auch Freude machen; es ist so früh am Tag, daß ich doch zu rechter Zeit ankomme«, lief vom Wege ab in den Wald hinein und suchte Blumen. Und wenn es eine gebrochen hatte, meinte es, weiter hinaus stände eine schönere, und lief darnach und geriet immer tiefer in den Wald hinein. Der Wolf aber ging geradewegs nach dem Haus der Großmutter und klopfte an die Türe. »Wer ist draußen?« – »Rotkäppchen, das bringt Kuchen und Wein, mach auf.« – »Drück nur auf die Klinke«, rief die Großmutter, »ich bin zu schwach und kann nicht aufstehen.« Der Wolf drückte auf die Klinke, die Türe sprang auf, und er ging, ohne ein Wort zu sprechen, gerade zum Bett der Großmutter und verschluckte sie. Dann tat er ihre Kleider an, setzte ihre Haube auf, legte sich in ihr Bett und zog die Vorhänge vor.

Rotkäppchen aber war nach den Blumen herumgelaufen, und als es so viel zusammen hatte, daß es keine mehr tragen konnte, fiel ihm die Großmutter wieder ein, und es machte sich auf den Weg zu ihr. Es wunderte sich, daß die Türe aufstand, und wie es in die Stube trat, so kam es ihm so seltsam darin vor, daß es dachte: »Ei, du mein Gott, wie ängstlich wird mir's heute zumut, und bin sonst so gerne bei der Großmutter!« Es rief »Guten Morgen«, bekam aber keine Antwort. Darauf ging es zum Bett und zog die Vorhänge zurück: da lag die Großmutter und hatte die Haube tief ins Gesicht gesetzt und sah so wunderlich aus. »Ei, Großmutter, was hast du für große Ohren!« – »Daß ich dich besser hören kann.« – »Ei,

Großmutter, was hast du für große Augen!« – »Daß ich dich besser sehen kann.« – »Ei, Großmutter, was hast du für große Hände!« – »Daß ich dich besser packen kann.« – »Aber, Großmutter, was hast du für ein entsetzlich großes Maul!« – »Daß ich dich besser fressen kann.« Kaum hatte der Wolf das gesagt, so tat er einen Satz aus dem Bette und verschlang das arme Rotkäppchen.

Wie der Wolf sein Gelüsten gestillt hatte, legte er sich wieder ins Bett, schlief ein und fing an, überlaut zu schnarchen. Der Jäger ging eben an dem Haus vorbei und dachte: »Wie die alte Frau schnarcht, du mußt doch sehen, ob ihr etwas fehlt.« Da trat er in die Stube, und wie er vor das Bette kam, so sah er, daß der Wolf darin lag. »Finde ich dich hier, du alter Sünder«, sagte er, »ich habe dich lange gesucht.« Nun wollte er seine Büchse anlegen, da fiel ihm ein, der Wolf könnte die Großmutter gefressen haben und sie wäre noch zu retten: schoß nicht, sondern nahm eine Schere und fing an, dem schlafenden Wolf den Bauch aufzuschneiden. Wie er ein paar Schnitte getan hatte, da sah er das rote Käppchen leuchten, und noch ein paar Schnitte, da sprang das Mädchen heraus und rief: »Ach, wie war ich erschrocken, wie war's so dunkel in dem Wolf seinem Leib!« Und dann kam die alte Großmutter auch noch lebendig heraus und konnte kaum atmen. Rotkäppchen aber holte geschwind große Steine, damit füllten sie dem Wolf den Leib, und wie er aufwachte, wollte er fortspringen, aber die Steine waren so schwer, daß er gleich niedersank und sich totfiel.

Da waren alle drei vergnügt; der Jäger zog dem Wolf den Pelz ab und ging damit heim, die Großmutter aß den Kuchen und trank den Wein, den Rotkäppchen gebracht hatte, und erholte sich wieder, Rotkäppchen aber dachte: »Du willst dein Lebtag nicht wieder allein vom Wege ab in den Wald laufen, wenn dir's die Mutter verboten hat.«

Es wird auch erzählt, daß einmal, als Rotkäppchen der alten Großmutter wieder Gebackenes brachte, ein anderer Wolf ihm zugesprochen und es vom Wege habe ableiten wollen. Rotkäppchen aber hütete sich und ging gerade fort seines Wegs und sagte der Großmutter, daß es dem Wolf begegnet wäre, der ihm guten Tag gewünscht, aber so bös aus den Augen geguckt hätte: »Wenn's nicht auf offner Straße gewesen wäre, er hätte mich gefressen.« – »Komm«, sagte die Großmutter, »wir wollen die Türe verschließen, daß er nicht herein kann.« Bald darnach klopfte der Wolf an und rief: »Mach auf, Großmutter, ich bin das Rotkäppchen, ich bring dir Gebackenes.« Sie schwiegen aber still und machten die Türe nicht auf: da schlich der Graukopf etlichemal um das Haus, sprang endlich aufs Dach und wollte warten, bis Rotkäppchen abends nach Haus ginge, dann wollte er ihm nachschleichen und wollt's in der Dunkelheit fressen. Aber die Großmutter merkte, was er im Sinn hatte. Nun stand vor dem Haus ein großer Steintrog, da sprach sie zu dem Kind: »Nimm den Eimer, Rotkäppchen, gestern hab ich Würste gekocht, da trag das Wasser, worin sie gekocht sind, in den Trog.« Rotkäppchen trug so lange, bis der große, große Trog ganz voll war. Da stieg der Geruch von den Würsten dem Wolf in die Nase, er schnupperte und guckte hinab, endlich machte er den Hals so lang, daß er sich nicht mehr halten konnte und anfing zu rutschen: so rutschte er vom Dach herab, gerade in den großen Trog hinein, und ertrank. Rotkäppchen aber ging fröhlich nach Haus, und tat ihm niemand etwas zuleid.

DER FALL ROTKÄPPCHEN

Der Wolf, jetzt altersfromm und brav,
als er Rotkäppchen nochmals traf,
sprach: »Unerhört, mein liebes Kind,
was Fabeln da im Umlauf sind!
Als gäbe es, so geht die Märe,
gar eine dunkle Mordaffäre!
Schuld sind allein die Brüder Grimm.
Gesteh! War es nicht halb so schlimm?«
Rotkäppchen sah des Wolfs Gebiß
und stammelte: »Gewiß, gewiß.«
Worauf der Wolf, vieltausendmal
die Oma grüßend sich empfahl.[191]

A. DER »ROTKÄPPCHENFALL« DES VERWALTUNGS-GERICHTSHOFES MÜNCHEN[192]

Das Märchen vom Rotkäppchen wurde von unzähligen Wissenschaftlern analysiert; unzählige Autoren verfaßten eine eigene Version des Märchens.[193] Um so überraschender ist es, daß Rotkäppchen juristisch lange

---

191 Zitat: Wiemer, Rudolf Otto: Der alte Wolf, in: Neues vom Rumpelstilzchen und andere Märchen von 43 Autoren, Hrsg. Gelberg, Hans-Joachim, Weinheim 1976. – Ähnlich verharmlosend auch Erhardt, H., in: Das große Heinz Erhardt-Buch, Gütersloh o.J., S. 100; Auszug:
Der alte Wolf
»Sie fraßen doch die Großmama,
wie hab'n Sie die vertragen?«
»Das ist nicht wahr, daß ich sie fraß,
ich krümmte ihr kein Härchen!
Die Brüder Grimm, die schrieben das,
für kleine Kinderchen zum Spaß –
das sind doch alles Märchen ...!«
192 NJW 1984, S. 1136 ff.
193 Vgl. dazu die umfassende Darstellung von Zipes, a.a.O.

Zeit eher ein Schattendasein führte.[194] Selbst Erich Wulfen, der Vorreiter der kriminalistischen Märchenforschung, machte Rotkäppchen nicht zum Gegenstand seiner Untersuchungen. In seinem bahnbrechenden Aufsatz »Das Kriminelle im deutschen Volksmärchen« fehlt jeder Hinweis auf das Mädchen mit der roten Samtkappe bzw. auf den bösen Wolf. Lediglich Thaddäus Trolls »Rotkäppchen auf Amtsdeutsch« enthält juristische Ansätze – die Abhandlung wurde deshalb in den vorliegenden Band aufgenommen.[195]

Erst einem deutschen (bayerischen) Gericht war es vorbehalten, im Jahre 1983 Rotkäppchen endlich diejenige Aufmerksamkeit zu schenken, die es auch von seiten der Juristen verdient hat. Der weithin leider nur wenig bekannte »Rotkäppchenfall« des Verwaltungsgerichtshofes München erwies sich geradezu als Idealfall einer Verknüpfung zwischen Literatur und Justiz.[196] Er verdient es, einer breiteren Öffentlichkeit zugänglich gemacht zu werden, weil an kaum einer anderen Stelle das nüchterne Reich der Rechtsordnung und das Reich der Märchen in so denkwürdiger Art und Weise aufeinanderprallen.[197]

Dem Gerichtsurteil lag folgender Sachverhalt zugrunde:[198]

»Der Kl. war Pächter des zum Schloß W. gehörenden landwirtschaftlichen Gutes in A. Während einer Künstlertagung auf der gepachteten Burg W. im Oktober 1979 wurde auf Anregung und unter Mitwirkung des Kl. an der Westseite seiner Scheune ein 5 x 5 m großes Gemälde in Ölfarbe angebracht. Es zeigte den bayerischen Ministerpräsidenten *Strauß* in einer ›Rotkäppchenszene‹. Er war in einem Bett mit weißblaukariertem Kopfkissen liegend mit Wolfskrallen abgebildet. Vor ihm stand ›Rotkäppchen‹ mit Korb. Daneben befand sich der Schriftzug › . . . Warum hast du so ein großes MAUL?‹. Nachdem das von der 180 m entfernt liegenden öffentli-

---

194 Vgl. allerdings Werner von Bülows heftig umstrittene Deutung Rotkäppchens als Parabel auf das Eindringen des römischen Rechts in Deutschland, in: Märchendeutung durch Runen, Hellerau bei Dresden 1925, S. 28; auch abgedruckt in dem Reclam-Band »Märchenanalysen«, Stuttgart 1977, S. 80 ff. – Sehr kritisch zu von Bülows Abhandlung äußert sich z.B. Zipes, a.a.O., S. 65 ff.: » . . . eine rassistische und übersteigert nationalistische Interpretation eines ursprünglich französischen Volksmärchens . . . «

195 Erwähnenswert ist auch die Rotkäppchenversion von Hans-Joachim Schädlich mit dem Titel »Kriminalmärchen«, Reinbek 1974.

196 VGH München, NJW 1984, S. 1136: Die Aussage einer Karikatur gegen Ministerpräsident Strauß, die ein Durchschnittsbetrachter deutlich erkennen kann, gibt keinen Anlaß zu sicherheitsrechtlicher Unterbindung (»Rotkäppchenszene«).

197 Die Formulierung geht auf einen Aufsatz von Arthur Kaufmann zurück: »Beziehungen zwischen Recht und Novellistik«, NJW 1982, S. 606 ff.

198 NJW 1984, S. 1136 ff.

chen Straße aus sichtbare Gemälde von der Polizei entdeckt worden war, ermittelte diese im Auftrag der Staatsanwaltschaft gegen den Kl. wegen Beleidigung des bayerischen Ministerpräsidenten. Mangels Strafantrages des Ministerpräsidenten wurde das Verfahren nach § 170 II StPO durch die StA eingestellt. Mit Anordnung vom 16.11.1979 gab das Landratsamt A. dem Kl. auf, das Porträt des bayerischen Ministerpräsidenten aus der bildhaften Darstellung der Szene aus dem Volksmärchen ›Rotkäppchen‹ bis zum 22.11.1979 vollständig zu entfernen. Gleichzeitig wurde für den Fall der Nichtbeachtung dieser Anordnung ein Zwangsgeld in Höhe von 200 DM angedroht. Zur Begründung hieß es, die Gesamtdarstellung mit dem Ministerpräsidenten anstelle des Wolfes und der angefügten schriftlichen Frage stelle eine Beleidigung des Ministerpräsidenten gem. § 185 StGB dar und sei nicht mehr durch das Recht auf freie Meinungsäußerung nach Art. 5 GG gedeckt. Die Darstellung als ›Bösewicht Wolf‹, die Bezeichung ›großes Maul‹ sowie die durch die Darstellung zum Ausdruck gebrachte Meinung, der bayerische Ministerpräsident täusche die Bevölkerung über seine wirklichen, nämlich bösen, Absichten, verletze die Ehre des Ministerpräsidenten.«

Der Verwaltungsgerichtshof München stellte sich in seiner Entscheidung auf den Standpunkt, das Beseitigungsgebot des Landratsamtes sei rechtswidrig gewesen. Die Rotkäppchenszene habe sich noch im Rahmen der Kunstfreiheit nach Artikel 5 Grundgesetz bewegt; der Ministerpräsident sei durch die Darstellung als »böser Wolf« nicht nach § 185 StGB beleidigt worden.

Unter Zugrundelegung einschlägiger Spezialkenntnisse, die sich das Gericht offenbar durch fallbezogenes Märchenstudium erworben hatte, argumentierte man wie folgt:

»Das Märchen ›Rotkäppchen‹, an das sich die Karikatur anlehnt, kennt jeder Durchschnittsbetrachter. Er weiß also zu der der Karikatur zugefügten Frage: ›Warum hast du so ein großes Maul?‹ die im Märchen gegebene Antwort: ›Damit ich dich besser fressen kann.‹ Aus dieser von jedem Betrachter hinzugedachten Antwort erhält die Karikatur erst ihre wahre Aussage. Ebenso wie im Märchen der Wolf das Rotkäppchen fressen will, wird mit der Karikatur Ministerpräsident *Strauß* unterstellt, daß er gegen die kleinen, durch das rote Käppchen eindeutig in ihrer politischen Richtung gekennzeichneten Personen mit geistigen Waffen vorgeht, sie schärfstens angreift und i.S. des ›Fressens‹ mundtot zu machen versucht. Mit diesem Sinn entspricht die Karikatur dem allgemein bekannten Spannungsfeld zwischen Herrn *Strauß* und links orientierten Gruppierungen.

Eine solche erkennbar aus einem bestimmten politischen Blickwinkel geübte Kritik wird vom Durchschnittsbetrachter unschwer verstanden. Daß Herr *Strauß* wegen seiner Darstellung als Wolf über diese Absichten hinwegtäusche oder gar rechtswidrig handele, läßt weder die Darstellung der Karikatur im einzelnen noch deren in Anlehnung an das Märchen sich ergebender Sinn für den maßgeblichen flüchtigen Durchschnittsbetrachter offensichtlich erscheinen. Denn der Wolf als Rudeljäger ist dem Durchschnittsbetrachter nicht als ein aus dem Hinterhalt jagendes Tier bekannt. Die im Märchen vorkommende Tarnung andererseits hat die Karikatur nicht nachvollzogen. Die Herrn *Strauß* zugeschriebenen bedrohlichen Krallen sind deutlich dargestellt. Hinzu kommt noch, daß bei einer Aussage in einer Karikatur dem Gestalter eine gewisse künstlerische Freiheit für die Darstellung seiner Aussage zusteht (Art. 5 III 1 GG). Demgemäß kann aus der dem Märchen entsprechenden Darstellung als Wolf noch nicht zwingend darauf geschlossen werden, daß Herrn *Strauß* Hinterhältigkeit durch Täuschung über seine wahren Absichten gegenüber linken Gruppierungen vorgeworfen werde. Mit der Herstellung der Karikatur hat der Kläger keine rechtswidrige, mit Strafe bedrohte Handlung begangen.«

Ob die Entscheidung des Verwaltungsgerichtshofes München juristisch überzeugt, sei dahingestellt. Die Rotkäppchenszene bewegte sich zumindest sehr nahe an einer unzulässigen Schmähkritik. Die von Kurt Tucholsky geprägte Formel: »Was darf die Satire? Alles!«[199] kann nur bedingt rechtliche Geltung beanspruchen. »Wenn Schriftsteller und Künstler auf ihr in der Verfassung verbrieftes Recht pochen, mit bissigen Satiren und aggressiven Karikaturen in die politische Auseinandersetzung der Zeit einzugreifen, so ist andererseits heute eine stärkere Sensibilität der Persönlichkeit gegenüber Angriffen auf Ehre und soziales Ansehen zu verzeichnen.«[200]

Auf der anderen Seite provoziert das Märchen von Rotkäppchen aber

---

199 Tucholsky, Kurt: Ges. Werke, Bd. 1, Berlin 1960, S. 362. – Vgl. dazu auch Würtenberger, Thomas: Karikatur und Satire aus strafrechtlicher Sicht, NJW 1983, S. 612.
Sehr weitgehend LG Saarbrücken, NJW 1963, S. 1701: »Satire war immer frech, oft frivol, zuweilen schamlos. Würde der Satire dieses Vorrecht genommen, so wäre sie zum Aussterben verdammt.« – Vgl. in dem Zusammenhang Würtenberger, der sich ebenfalls verhalten kritisch gegenüber der Formel äußert, NJW 1983, S. 612: »Nach 1945 orientierten sich auch die Juristen, nicht zuletzt in einer ersten ›Freiheitseuphorie‹, an der von Kurt Tucholsky geprägten Formel.«
200 Würtenberger, a.a.O., S. 613. – Vgl. z.B. auch Stoll, Hans: Freiheit der Rechtsprechung zur Zivilrechtlichen Haftung, Jura 1979, S. 576 ff.

auch von alters her eine Verwertung im politischen Meinungskampf. Wie Hans-Wolf Jäger in seinem leider nur in Fachkreisen bekannten Aufsatz »Rotkäppchen, eine Jakobiner-Mütze?« nachgewiesen hat[201], war z.B. das Grimmsche »Rotkäppchen« ein Kommentar auf die französische Invasion des Rheinlandes in den Napoleonischen Kriegen.[202] Erinnert sei auch an den baden-württembergischen Wahlkampf im Frühjahr 1972, bei dem eine weitverbreitete Wahlanzeige den Titel hatte: »Rotkäppchen und die SPD«.[203]

Letzlich entscheidend dürfte aber im Fall Rotkäppchen sein, daß der Ministerpräsident damals keinen Strafantrag wegen Beleidigung stellte.[204] Auf diesem Hintergrund erscheint das Urteil des Verwaltungsgerichtshofes München zwar nach wie vor sehr bedenklich, war aber zumindest nicht gänzlich unvertretbar. Der Fall Rotkäppchen kann deshalb zu den Akten gelegt werden. Die juristische Märchenforschung wird ihn nicht vergessen.

B. ROTKÄPPCHEN AUF AMTSDEUTSCH

Im Kindanfall unserer Stadtgemeinde ist eine hierorts wohnhafte, noch unbeschulte Minderjährige aktenkundig, welche durch ihre unübliche Kopfbedeckung gewohnheitsrechtlich Rotkäppchen genannt zu werden pflegt. Der Mutter besagter R. wurde seitens ihrer Mutter ein Schreiben zustellig gemacht, in welchem dieselbe Mitteilung ihrer Krankheit und Pflegebedürftigkeit machte, worauf die Mutter der R. dieser die Auflage machte, der Großmutter eine Sendung von Nahrungs- und Genußmitteln zu Genesungszwecken zuzustellen.

Vor ihrer Inmarschsetzung wurde die R. seitens ihrer Mutter über das

---

201 Vgl. die ausführlichen und hochinteressanten geschichtlichen Nachweise von Jäger, Hans-Wolf: Rotkäppchen — eine Jakobinermütze?, in: Literatursoziologie II., Beiträge zur Praxis, Bark, Joachim (Hrsg.), Stuttgart 1974, S. 159 - 180 — abgedruckt im Reclam-Heft »Märchenanalysen», S. 85 - 107.

202 So auch Zipes, a.a.O., S. 37 - 40.

203 Wegen der Einzelheiten vgl. Jäger, a.a.O., S. 106 - 107.

204 Vgl. VGH München, a.a.O. — In anderen Fällen wurde vom Betroffenen — nahezu durchweg erfolgreich — Strafantrag gestellt; vgl. z.B. OLG Hamm, NJW 1982, S. 659: Unzulässige Bezeichnung des Ministerpräsidenten als »blindwütiger Kampfstier«.

Verbot betreffs Verlassens der Waldwege auf Kreisebene belehrt. Dieselbe machte sich infolge Nichtbeachtung dieser Vorschrift straffällig und begegnete beim Übertreten des amtlichen Blumenpflückverbotes einem polizeilich nicht gemeldeten Wolf ohne festen Wohnsitz. Dieser verlangte in gesetzwidriger Amtsanmaßung Einsichtnahme in das zu Transportzwecken von Konsumgütern dienende Korbbehältnis und traf in Tötungsabsicht die Feststellung, daß die R. zu ihrer verschwägerten und verwandten, im Baumbestand angemieteten Großmutter eilend war.

Da wolfseits Verknappungen auf dem Ernährungssektor vorherrschend waren, faßte er den Entschluß, bei der Großmutter der R. unter Vorlage falscher Papiere vorsprachig zu werden. Weil dieselbe wegen Augenleidens krank geschrieben war, gelang dem in Freßvorbereitung befindlichen Untier die diesfallsige Täuschungsabsicht, worauf es unter Verschlingung der Bettlägerigen einen strafbaren Mundraub zur Durchführung brachte.

Ferner täuschte das Tier bei der später eintreffenden R. seine Identität mit der Großmutter vor, stellte ersterer nach und in der Folge durch Zweitverschlingung der R. seinen Tötungsvorsatz erneut unter Beweis.

Der sich auf einem Dienstgang befindliche und im Forstwesen zuständige Waldbeamte B. vernahm Schnarchgeräusche und stellte deren Urheberschaft seitens des Tiermaules fest. Er reichte bei seiner vorgesetzten Dienststelle ein Tötungsgesuch ein, das dortseits zuschlägig beschieden und pro Schuß bezuschußt wurde. Nach Beschaffung einer Pulverschießvorrichtung zu Jagdzwecken gab er in wahrgenommener Einflußnahme auf das Raubwesen einen Schuß ab. Dieses wurde in Fortführung der Raubtiervernichtungsaktion auf Kreisebene nach Empfangnahme des Geschosses ablebig. Die gespreizte Beinhaltung des Totgutes weckte in dem Schußgeber die Vermutung, daß der Leichnam Menschenmaterial beinhalte. Zwecks diesbezüglicher Feststellung öffnete er unter Zuhilfenahme eines Messers den Kadaver zur Totvermarktung und stieß hierbei auf die noch lebhafte R. nebst beigehefteter Großmutter. Durch die unverhoffte Wiederbelebung bemächtigte sich beider Personen ein gesteigertes, amtlich nicht zulässiges Lebensgefühl, dem sie durch groben Unfug, öffentliches Ärgernis erregenden Lärm und Nichtbeachtung anderer Polizeiverordnungen Ausdruck verliehen, was ihre Haftpflichtmachung zur Folge hatte. Der Vorfall wurde von den kulturschaffenden Gebrüdern Grimm zu Protokoll genommen und starkbekinderten Familien in Märchenform zustellig gemacht.

Wenn die Beteiligten nicht durch Hinschied abgegangen und in Fortfall gekommen sind, sind dieselben derzeit noch lebhaft.

von Thaddäus Troll[205]

205 Aus: Troll, Thaddäus: Das große Thaddäus-Troll-Lesebuch, Hamburg 1981.

HÄNSEL UND GRETEL

Vor einem großen Walde wohnte ein armer Holzhacker mit seiner Frau und seinen zwei Kindern; das Bübchen hieß Hänsel und das Mädchen Gretel. Er hatte wenig zu beißen und zu brechen, und einmal, als große Teuerung ins Land kam, konnte er auch das täglich Brot nicht mehr schaffen. Wie er sich nun abends im Bette Gedanken machte und sich vor Sorgen herumwälzte, seufzte er und sprach zu seiner Frau: »Was soll aus uns werden? Wie können wir unsere armen Kinder ernähren, da wir für uns selbst nichts mehr haben?« – »Weißt du was, Mann«, antwortete die Frau, »wir wollen morgen in aller Frühe die Kinder hinaus in den Wald führen, wo er am dicksten ist: da machen wir ihnen ein Feuer an und geben jedem noch ein Stückchen Brot, dann gehen wir an unsere Arbeit und lassen sie allein. Sie finden den Weg nicht wieder nach Haus, und wir sind sie los.« – »Nein, Frau«, sagte der Mann, »das tue ich nicht; wie sollt’ ich’s übers Herz bringen, meine Kinder im Walde allein zu lassen, die wilden Tiere würden bald kommen und sie zerreißen.« – »O du Narr«, sagte sie, »dann müßen wir alle viere Hungers sterben, du kannst nur die Bretter für die Särge hobeln«, und ließ ihm keine Ruhe, bis er einwilligte. »Aber die armen Kinder dauern mich doch«, sagte der Mann.

Die zwei Kinder hatten vor Hunger auch nicht einschlafen können und hatten gehört, was die Stiefmutter zum Vater gesagt hatte. Gretel weinte bittere Tränen und sprach zu Hänsel: »Nun ist's um uns geschehen.« – »Still, Gretel«, sprach Hänsel, »gräme dich nicht, ich will uns schon helfen.« Und als die Alten eingeschlafen waren, stand er auf, zog sein Röcklein an, machte die Untertüre auf und schlich sich hinaus. Da schien der Mond ganz helle, und die weißen Kieselsteine, die vor dem Haus lagen, glänzten wie lauter Batzen. Hänsel bückte sich und steckte so viel in sein Rocktäschlein, als nur hinein wollten. Dann ging er wieder zurück, sprach zu Gretel: »Sei getrost, liebes Schwesterchen, und schlaf nur ruhig ein, Gott wird uns nicht verlassen«, und legte sich wieder in sein Bett.

Als der Tag anbrach, noch ehe die Sonne aufgegangen war, kam schon die Frau und weckte die beiden Kinder: »Steht auf, ihr Faulenzer, wir wollen in den Wald gehen und Holz holen.« Dann gab sie jedem ein Stückchen Brot und sprach: »Da habt ihr etwas für den Mittag, aber eßt's nicht vorher auf, weiter kriegt ihr nichts.« Gretel nahm das Brot unter die Schürze, weil Hänsel die Steine in der Tasche hatte. Danach machten sie sich alle zusammen auf den Weg nach dem Wald. Als sie ein Weilchen gegangen waren, stand Hänsel still und guckte nach dem Haus zurück und tat das wieder und immer wieder. Der Vater sprach: »Hänsel, was guckst du da und bleibst zurück, hab acht und vergiß deine Beine nicht.« – »Ach, Vater«, sagte Hänsel, »ich sehe nach meinem weißen Kätzchen, das sitzt oben auf dem Dach und will mir ade sagen.« Die Frau sprach: »Narr, das ist dein Kätzchen nicht, das ist die Morgensonne, die auf den Schornstein scheint.« Hänsel aber hatte nicht nach dem Kätzchen gesehen, sondern immer einen von den blanken Kieselsteinen aus seiner Tasche auf den Weg geworfen.

Als sie mitten in den Wald gekommen waren, sprach der Vater: »Nun sammelt Holz, ihr Kinder, ich will ein Feuer anmachen, damit ihr nicht friert.« Hänsel und Gretel trugen Reisig zusammen, einen kleinen Berg hoch. Das Reisig ward angezündet, und als die Flamme recht hoch brannte, sagte die Frau: »Nun legt euch ans Feuer, ihr Kinder, und ruht euch aus, wir gehen in den Wald und hauen Holz. Wenn wir fertig sind, kommen wir wieder und holen euch ab.«

Hänsel und Gretel saßen am Feuer, und als der Mittag kam, aß jedes sein Stücklein Brot. Und weil sie die Schläge der Holzaxt hörten, so glaubten sie, ihr Vater wäre in der Nähe. Es war aber nicht die Holzaxt, es war ein Ast, den er an einen dürren Baum gebunden hatte und den der Wind hin und her schlug. Und als sie so lange gesessen hatten, fielen ihnen die Augen vor Müdigkeit zu, und sie schliefen fest ein. Als sie endlich erwachten, war es schon finstere Nacht. Gretel fing an zu weinen und sprach: »Wie sollen wir nun aus dem Wald kommen!« Hänsel aber tröstete sie: »Wart nur ein Weilchen, bis der Mond aufgegangen ist, dann wollen wir den Weg schon finden.« Und als der volle Mond aufgestiegen waren, so nahm Hänsel sein Schwesterchen an der Hand und ging den Kieselsteinen nach, die schimmerten wie neu geschlagene Batzen und zeigten ihnen den Weg. Sie gingen die ganze Nacht hindurch und kamen bei anbrechendem Tag wieder zu ihres Vaters Haus. Sie klopften an die Tür, und als die Frau aufmachte und sah, daß es Hänsel und Gretel waren, sprach sie: »Ihr bösen Kinder, was habt ihr so lange im Walde geschlafen, wir haben geglaubt, ihr wolltet gar nicht wiederkommen.« Der Vater aber freute sich, denn es war ihm zu Herzen gegangen, daß er sie so allein zurückgelassen hatte.

Nicht lange danach war wieder Not in allen Ecken, und die Kinder hörten, wie die Mutter nachts im Bette zu dem Vater sprach: »Alles ist wieder aufgezehrt, wir haben noch einen halben Laib Brot, hernach hat das Lied ein Ende. Die Kinder müssen fort, wir wollen sie tiefer in den Wald hineinführen, damit sie den Weg nicht wieder herausfinden; es ist sonst keine Rettung für uns.« Dem Mann fiel's schwer aufs Herz, und er dachte: »Es wäre besser, daß du den letzten Bissen mit deinen Kindern teiltest.« Aber die Frau hörte auf nichts, was er sagte, schalt ihn und machte ihm Vorwürfe. Wer A sagt, muß auch B sagen, und weil er das erstemal nachgegeben hatte, so mußte er es auch zum zweitenmal.

Die Kinder waren aber noch wach gewesen und hatten das Gepräch mit angehört. Als die Alten schliefen, stand Hänsel wieder auf, wollte hinaus und Kieselsteine auflesen, wie das vorigemal, aber die Frau hatte die Tür verschlossen, und Hänsel konnte nicht heraus. Aber er tröstete sein Schwesterchen und sprach: »Weine nicht, Gretel, und schlaf nur ruhig, der liebe Gott wird uns schon helfen.«

Am frühen Morgen kam die Frau und holte die Kinder aus dem Bette. Sie erhielten ihr Stückchen Brot, das war aber noch kleiner als das vorige Mal. Auf dem Wege nach dem Wald bröckelte es Hänsel in der Tasche, stand oft still und warf ein Bröcklein auf die Erde. »Hänsel, was stehst du und guckst dich um«, sagte der Vater, »geh deiner Wege.« – »Ich sehe nach meinem Täubchen, das sitzt auf dem Dache und will mir ade sagen«, antwortete Hänsel. »Narr«, sagte die Frau, »das ist dein Täubchen nicht, das ist die Morgensonne, die auf den Schornstein oben scheint.« Hänsel aber warf nach und nach alle Bröcklein auf den Weg.

Die Frau führte die Kinder noch tiefer in den Wald, wo sie ihr Lebtag noch nicht gewesen waren. Da ward wieder ein großes Feuer angemacht, und die Mutter sagte: »Bleibt nur da sitzen, ihr Kinder, und wenn ihr müde seid, könnt ihr ein wenig schlafen: wir gehen in den Wald und hauen Holz, und abends, wenn wir fertig sind, kommen wir und holen euch ab.« Als es Mittag war, teilte Gretel ihr Brot mit Hänsel, der sein Stück auf den Weg gestreut hatte. Dann schliefen sie ein, und der Abend verging, aber niemand kam zu den armen Kindern. Sie erwachten erst in der finsteren Nacht, und Hänsel tröstete sein Schwesterchen und sagte: »Wart nur, Gretel, bis der Mond aufgeht, dann werden wir die Brotbröcklein sehen, die ich ausgestreut habe, die zeigen uns den Weg nach Haus.« Als der Mond kam, machten sie sich auf, aber sie fanden kein Bröcklein mehr, denn die vieltausend Vögel, die im Walde und im Felde umherfliegen, die hatten sie weggepickt. Hänsel sagte zu Gretel: »Wir werden den Weg schon finden«, aber sie fanden ihn nicht. Sie gingen die ganze Nacht und noch einen Tag von Morgen bis Abend, aber sie kamen aus dem Wald nicht heraus, und waren so hungrig, denn sie hatten nichts als ein paar Beeren, die auf der Erde standen. Und weil sie so müde waren, daß die Beine sie nicht mehr tragen wollten, so legten sie sich unter einen Baum und schliefen ein.

Nun war's schon der dritte Morgen, daß sie ihres Vaters Haus verlassen hatten. Sie fingen wieder an zu gehen, aber sie gerieten immer tiefer in den Wald, und wenn nicht bald Hilfe kam, so mußten sie verschmachten. Als es Mittag war, sahen sie ein schönes schneeweißes Vöglein auf einem Ast sitzen, das sang so schön, daß sie stehenblieben und ihm zuhörten. Und als es fertig war, schwang es seine Flügel und flog vor ihnen her, und sie gingen ihm nach, bis sie zu einem Häuschen gelangten, auf dessen Dach es sich setzte, und als sie ganz nah herankamen, so sahen sie, daß das Häuschen aus Brot gebaut war und mit Kuchen gedeckt; aber die Fenster waren von hellem Zucker. »Da wollen wir uns dranmachen«, sprach Hänsel, »und eine gesegnete Mahlzeit halten. Ich will ein Stück vom Dach essen, Gretel, du kannst vom Fenster essen, das schmeckt süß.« Hänsel reichte in die Höhe und brach sich ein wenig vom Dach ab, um zu versuchen, wie es schmeckte, und Gretel stellte sich an die Scheiben und knusperte daran. Da rief eine feine Stimme aus der Stube heraus:
»Knusper, knusper, kneischen,
wer knuspert an meinem Häuschen?«
Die Kinder antworteten:
»Der Wind, der Wind,
das himmlische Kind«,
und aßen weiter, ohne sich irremachen zu lassen. Hänsel, dem das Dach

sehr gut schmeckte, riß sich ein großes Stück davon herunter, und Gretel stieß eine ganze runde Fensterscheibe heraus, setzte sich nieder und tat sich wohl damit. Da ging auf einmal die Türe auf, und eine steinalte Frau, die sich auf eine Krücke stützte, kam herausgeschlichen. Hänsel und Gretel erschraken so gewaltig, daß sie fallen ließen, was sie in den Händen hielten. Die Alte aber wackelte mit dem Kopfe und sprach: »Ei, ihr lieben Kinder, wer hat euch hierhergebracht? Kommt nur herein und bleibt bei mir, es geschieht euch kein Leid.« Sie faßte beide an der Hand und führte sie in ihr Häuschen. Da ward gutes Essen aufgetragen, Milch und Pfannekuchen mit Zucker, Äpfeln und Nüssen. Hernach wurden zwei schöne Bettlein weiß gedeckt, und Hänsel und Gretel legten sich hinein und meinten, sie wären im Himmel.

Die Alte hatte sich nur so freundlich angestellt, sie war aber eine böse Hexe, die den Kindern auflauerte, und hatte das Brothäuslein bloß gebaut, um sie herbeizulocken. Wenn eins in ihre Gewalt kam, so machte sie es tot, kochte es und aß es, und das war ihr ein Festtag. Die Hexen haben rote Augen und können nicht weit sehen, aber sie haben eine feine Witterung, wie die Tiere, und merken's, wenn Menschen herankommen. Als Hänsel und Gretel in ihre Nähe kamen, da lachte sie boshaft und sprach höhnisch: »Die habe ich, die sollen mir nicht wieder entwischen.« Frühmorgens, ehe die Kinder erwacht waren, stand sie schon auf, und als sie beide so lieblich ruhen sah, mit den vollen roten Backen, so murmelte sie vor sich hin: »Das wird ein guter Bissen werden.« Da packte sie Hänsel mit ihrer dürren Hand und trug ihn in einen kleinen Stall und sperrte ihn mit einer Gittertüre ein; er mochte schreien, wie er wollte, es half ihm nichts. Dann ging sie zur Gretel, rüttelte sie wach und rief: »Steh auf, Faulenzerin, trag Wasser und koch deinem Bruder etwas Gutes, der sitzt draußen im Stall und soll fett werden. Wenn er fett ist, so will ich ihn essen.« Gretel fing an, bitterlich zu weinen, aber es war alles vergeblich, sie mußte tun, was die böse Hexe verlangte. Nun ward dem armen Hänsel das beste Essen gekocht, aber Gretel bekam nichts als Krebsschalen. Jeden Morgen schlich die Alte zu dem Ställchen und rief: »Hänsel, streck deine Finger heraus, damit ich fühle, ob du bald fett bist.« Hänsel streckte ihr aber ein Knöchlein heraus, und die Alte, die trübe Augen hatte, konnte es nicht sehen, und meinte, es wären Hänsels Finger, und verwunderte sich, daß er gar nicht fett werden wollte. Als vier Wochen herum waren und Hänsel immer mager blieb, da überkam sie die Ungeduld, und sie wollte nicht länger warten. »Heda, Gretel«, rief sie dem Mädchen zu, »sei flink und trag Wasser: Hänsel mag fett oder mager sein, morgen will ich ihn schlachten und kochen.« Ach, wie jammerte das arme Schwesterchen, als es das Wasser tragen mußte, und wie flossen ihm die Tränen über die Backen herunter! »Lieber Gott, hilf uns doch«, rief sie aus, »hätten uns nur die wilden Tiere im Wald gefressen, so wären wir doch zusammen gestorben.« – »Spar nur dein Geplärre«, sagte die Alte, »es hilft dir alles nichts.«

Frühmorgens mußte Gretel heraus, den Kessel mit Wasser aufhängen und Feuer anzünden. »Erst wollen wir backen«, sagte die Alte, »ich habe den Backofen schon eingeheizt und den Teig geknetet.« Sie stieß das arme Gretel hinaus zu dem Backofen, aus dem die Feuerflammen schon herausschlugen. »Kriech hinein«, sagte die Hexe, »und sieh zu, ob recht eingeheizt ist, damit wir das Brot hineinschieben können.« Und wenn Gretel darin war, wollte sie den Ofen zumachen, und Gretel sollte darin braten, und dann wollte sie's auch aufessen. Aber Gretel merkte, was sie im Sinn hatte, und sprach: »Ich weiß nicht, wie ich's machen soll; wie komm ich da hinein?« – »Dumme Gans«, sagte die Alte, »die Öffnung ist groß genug, siehst du wohl, ich könnte selbst hinein«, krabbelte heran und steckte den Kopf in den Backofen. Da gab ihr Gretel einen Stoß, daß sie weit hineinfuhr, machte die eiserne Tür zu und schob den Riegel vor. Hu! da fing sie an zu heulen, ganz grauselich; aber Gretel lief fort, und die gottlose Hexe mußte elendiglich verbrennen.

Gretel aber lief schnurstracks zum Hänsel, öffnete sein Ställchen und rief: »Hänsel, wir sind erlöst, die alte Hexe ist tot.« Da sprang Hänsel heraus, wie ein Vogel aus dem Käfig, wenn ihm die Türe aufgemacht wird. Wie haben sie sich gefreut, sind sich um den Hals gefallen, sind herumgesprungen und haben sich geküßt! Und weil sie sich nicht mehr zu fürchten brauchten, so gingen sie in das Haus der Hexe hinein, da standen in allen Ecken Kasten mit Perlen und Edelsteinen. »Die sind noch besser als Kieselsteine«, sagte Hänsel und steckte in seine Taschen, was hinein wollte, und Gretel sagte: »Ich will auch etwas mit nach Haus bringen«, und füllte sich sein Schürzchen voll. »Aber jetzt wollen wir fort«, sagte Hänsel, »damit wir aus dem Hexenwald herauskommen.« Als sie aber ein paar Stunden gegangen waren, gelangten sie an ein großes Wasser. »Wir können nicht hinüber«, sprach Hänsel, »ich sehe keinen Steg und keine Brücke.« – »Hier fährt auch kein Schiffchen«, antwortete Gretel, »aber da schwimmt eine weiße Ente, wenn ich die bitte, so hilft sie uns hinüber.« Da rief sie:

»Entchen, Entchen,
da stehn Gretel und Hänsel.
Kein Steg und keine Brücke,
nimm uns auf deinen weißen Rücken.«

Das Entchen kam auch heran, und Hänsel setzte sich auf und bat sein Schwesterchen, sich zu ihm zu setzen. »Nein«, antwortete Gretel, »es wird dem Entchen zu schwer, es soll uns nacheinander hinüberbringen.« Das tat das gute Tierchen, und als sie glücklich drüben waren und ein Weilchen fortgingen, da kam ihnen der Wald immer bekannter und immer bekannter vor, und endlich erblickten sie von weitem ihres Vaters Haus. Da fingen sie an zu laufen, stürzten in die Stube hinein und fielen ihrem Vater um den Hals. Der Mann hatte keine frohe Stunde gehabt, seitdem er die Kinder im Walde gelassen hatte, die Frau aber war gestorben. Gretel schüttete sein Schürzchen aus, daß die Perlen und Edelsteine in der Stube herumsprangen, und Hänsel warf eine Handvoll nach der andern aus seiner Tasche dazu. Da hatten alle Sorgen ein Ende, und sie lebten in lauter Freude zusammen. Mein Märchen ist aus, dort läuft eine Maus, wer sie fängt, darf sich eine große, große Pelzkappe daraus machen.

DER FALL HÄNSEL UND GRETEL

»Das Märchen ›Hänsel und Gretel‹ muß man wie eine Kriminalge-
schichte lesen. Der freundliche Ton, in dem es gewöhnlich erzählt wird,
und die Selbstverständlichkeit, mit der die Märchentradition den Aussagen der Beteiligten Glauben schenkt, lenkt von der Tatsache ab, daß hier
nicht ein, sondern zwei Verbrechen geschildert werden, von denen das
zweite allerdings als ›Notwehr‹ entschuldigt zu sein scheint.«[206]

A. DAS HINAUSSCHICKEN VON HÄNSEL UND GRETEL IN DEN WALD

Strafbares Verhalten der Holzhackerseheleute

1. Kindesaussetzung, § 221 StGB

Die Holzhackerseheleute führten Hänsel und Gretel mehrfach in den tie-
fen Wald, um sie dem Zufall oder Untergang preiszugeben. Charakteri-
stisch war dabei, daß die leibliche Mutter den ersten Gedanken dazu faßte.
Sie entwarf einen Tatplan von unbeschreiblicher krimineller Energie[207]:
   »Weißt Du was, Mann, wir wollen morgen in aller Frühe die Kinder hinaus in den Wald führen, wo er am dicksten ist: da machen wir ihnen ein
Feuer an und geben jedem noch ein Stück Brot, dann gehen wir an unsere
Arbeit und lassen sie allein. Sie finden den Weg nicht wieder nach Haus,
und wir sind sie los.«
   Der Ehemann widersetzte sich zunächst dem Ansinnen seiner Frau. Als
er aber von ihr unter Druck gesetzt wurde (»Wer A sagt, muß auch B
sagen«), machte er sich schließlich doch zu ihrem Komplizen. Beim dritten Versuch gelang das gemeinsame verbrecherische Vorhaben: Hänsel

---

206 Fetscher, Hänsel und Gretels Entlarvung, a.a.O., S. 175. – Gänzlich anderer Ansicht
   bezüglich des Inhalts von Hänsel und Gretel ist aber Prof. Gruber, Dolf: Referat über
   Hänsel und Gretel auf dem dritten Internationalen Märchenkongreß in Oil Lake City,
   Texas 1975, in: Fetscher, I.: Der Nulltarif der Wichtelmänner, Düsseldorf 1982, S. 162
   ff.: »Das Märchen Hänsel und Gretel hat nichts mit Verbrechen oder mit den Schweine-
   reien der Freudianischen Sexualtheorie zu tun.« – Siehe auch Traxler, a.a.O., S. 91.
   Traxler spricht bezüglich des Märchens von einem »historischen Kriminalfall«.
207 Vgl. die Darstellung von Wulfen, a.a.O., S. 359.

und Gretel wurden im Wald allein gelassen und gerieten »immer tiefer in den Wald, und wenn nicht bald Hilfe kam, so mußten sie verschmachten.«

Die Holzhackerseheleute haben damit gemeinschaftlich[208] eine Kindesaussetzung nach § 221 StGB begangen, da sie mit Hänsel und Gretel zwei »wegen jugendlichen Alters hilflose Personen in hilfloser Lage« verließen.[209]

Die Straftat im Wald hatte allerdings einen besonderen sozialen Hintergrund.[210] Der Holzhacker konnte wegen »einer großen Teuerung im Land«, heute würde man von »Inflation« sprechen, nicht mehr genügend Nahrung für die komplette Familie erwirtschaften. Fetscher spricht zu Recht von einem »notleidenden Elternhaus«.[211] Juristisch könnten die Eltern daher im Notstand gehandelt haben, was zur Straflosigkeit führen würde.

Schon in germanischer Zeit stand Vätern bezüglich Kindern ein Aussetzungsrecht zu, wenn in der Familie wirtschaftliche Not vorherrschte. In der Lex frisia 5,1 wird es auch für die Mutter erwähnt.[212] Das Recht galt aber nur bis zur Aufnahme in die Sippe. Sobald das eben geborene Kind Nahrung zu sich genommen hatte, war eine Aussetzung verboten, weil die Nahrungsaufnahme als ein »Anteilhaben an der Gemeinschaft der Lebenden« angesehen wurde.[213]

Prüft man das Verhalten am modernen Strafrecht, könnte die aus wirtschaftlicher Not heraus begangene Tat über § 34 StGB zu rechtfertigen sein.[214] Das wäre nach dem Gesetz nur der Fall, wenn die Aussetzung Hänsels und Gretels von den Eltern begangen wurde, um von sich »eine gegenwärtige, nicht anders abwendbare Gefahr für Leib und Leben« abzuwen-

---

208 Anders aber Iring Fetscher, der die Frau rechtsirrig offenbar nur als Anstifterin ansieht. Vgl. Fetscher, Hänsel und Gretels Entlarvung, a.a.O., S. 175: »Die Anstifterrolle der Frau soll die Mitschuld des Mannes offensichtlich herabmildern.«

209 So auch Düsenberg, Swaantje: Hänsel und Gretel, in: Kinderschutz aktuell, 1987, Heft 4, S. 3 ff. – Ebenso Wulfen, a.a.O. – Zur Frage, ob eine Aussetzung durch aktives Tun oder Unterlassen verwirklicht werden kann, vgl. Sch-Sch, § 221 StGB, Rn. 6a: »Ein Kindermädchen kann sowohl dadurch aussetzen, daß es den Babywagen aktiv in den Abgrund stößt, wie dadurch, daß es ihn die abschüssige Böschung hinunterrollen läßt.«

210 Siehe dazu insbesondere Mannheim, a.a.O., Band 2, S. 600. Mannheim behandelt a.a.O. die schichtorientierten Theorien der Kriminalsoziologie.

211 Fetscher, Hänsel und Gretels Entlarvung, a.a.O.

212 So der Nachweis bei Jessen, a.a.O., S. 97. – Conrad, H.: Deutsche Rechtsgeschichte, Band I, Karlsruhe 1962, S. 40 f. – Weithin unbekannt, aber desto interessanter: de Vries, Jan: Die geistige Welt der Germanen, Darmstadt 1964, S. 44.

213 Siehe Jessen, a.a.O., S. 97.

214 Siehe OLG Düsseldorf NJW 1970, S. 674: Notstand zur Aufrechterhaltung der Lebensmittelversorgung. – Siehe auch OLG Koblenz NJW 1963, S. 1991.

den. Außerdem müßte »bei Abwägung der widerstreitenden Interessen, namentlich der betroffenen Rechtsgüter und des Grades der ihnen drohenden Gefahren, das geschützte Interesse das beeinträchtigte wesentlich überwiegen«.

Für die Holzhackerseheleute bestand die Gefahr des Hungertodes. Das Interesse an dessen Vermeidung überwog aber nicht das schutzwürdige Interesse von Hänsel und Gretel daran, nicht im dunklen Wald auf Gedeih und Verderb ausgesetzt zu werden. Die Eltern waren nach § 1626 BGB verpflichtet, für ihre Kinder Hänsel und Gretel zu sorgen. Dort heißt es unmißverständlich: »Der Vater und die Mutter haben das Recht und die Pflicht, für das minderjährige Kind zu sorgen und es zu pflegen.«[215]

Zur »Pflege« zählt zweifelsohne auch die Rechtspflicht zur Verpflegung.[216] Von den Eltern war deshalb zu verlangen, nötigenfalls bis zur Selbstaufgabe Hänsels und Gretels Versorgung sicherzustellen. Der Holzhacker hatte insofern zunächst das richtige Rechtsgefühl, als er bei sich dachte:

»Es wäre besser, daß du den letzten Bissen mit deinen Kindern teiltest.«

Die Eltern hatten außerdem noch nicht alle denkbaren Möglichkeiten zur Lösung der Versorgungsprobleme ausgelotet, als sie zur Kindesaussetzung schritten.[217] Unter Umständen hätten z.B. Sozialfürsorgemaßnahmen der zuständigen Gemeindeverwaltung oder Wohlfahrtsverbände die Nöte der Familie lindern können. Die schmählichen Eltern hingegen sind den bequemsten Weg in den Wald gegangen − ein »Täter darf aber nicht einfach den bequemsten Weg gehen«[218], zumindestens dann nicht, wenn er vor einer Bestrafung sicher sein will.

Ein Notstand nach § 34 StGB kann demzufolge Hänsels und Gretels Eltern nicht zugebilligt werden.[219] Ihr Verhalten ist auch durch nichts zu entschuldigen (§ 35 StGB).

---

215 Siehe auch Art 6 Grundgesetz: »Pflege und Erziehung der Kinder sind das natürliche Recht der Eltern und die zuvörderst ihnen obliegende Pflicht. Über ihre Betätigung wacht die staatliche Gemeinschaft.«
216 Siehe Jauernig, Othmar: Kommentar zum BGB, 3. Aufl., München 1984, Anm. zu §§ 1666 - 1668 BGB, Ziff. 2.
217 Der Vater hatte z.B. gerade erst begonnen sich Gedanken über die Beseitigung der kulinarischen Versorgungsengpässe zu machen: »Wie er sich nun abends im Bett Gedanken machte . . . «
218 So ausdrücklich BGH NJW 1952, S. 113 und 1972, S. 834.
219 Gleiches gilt übrigens nach germanischer Rechtslage: vgl. Lex frisia 5,1.

Ergebnis: Die Eltern von Hänsel und Gretel haben sich der Kindesaussetzung schuldig gemacht; sie sind verschärft zu bestrafen. Wird nämlich eine Aussetzung »von Eltern gegen ihr Kind begangen, so tritt Freiheitsstrafe von sechs Monaten bis zu fünf Jahren ein« (§ 221 Abs. 2 StGB).

2. Mord- oder Totschlagsversuch, §§ 22, 23, 211, 212 StGB

Teilweise wird in der kriminalistischen Märchenforschung die Meinung vertreten, die Eltern Hänsels und Gretels hätten sich sogar des mehrfachen Mordversuchs an ihren Kindern strafbar gemacht. So heißt es z.B. bei *Fetscher*[220]:

»Der erste Mordanschlag der Eltern mißlang dank der List des Knaben Hänsel . . . Beim zweiten Mordversuch mißlingt die Wegmarkierung, weil die Vögel die zur Kennzeichung des Pfades benützten Brotkrumen weggefressen haben . . . Das Vertrauen der Kinder zu rechtsstaatlichen Institutionen scheint so gering gewesen zu sein, daß eine Anzeige des elterlichen Mordanschlages gar nicht in ihre Erwägungen einbezogen wurde.«

Hiergegen bestehen aber rechtliche Bedenken. Dem Holzhacker und seiner Frau war zwar bewußt, daß der Aufenthalt ihrer minderjährigen Kinder im tiefen Wald zwangsläufig mit Lebensgefahren verbunden war. Der Vater äußerte im Rahmen der Tatausführung:

»Die wilden Tiere würden bald kommen und sie zerreißen.«

Wenn die beiden trotzdem Hänsel und Gretel in den tiefen Wald führten, wo selbst die erwachsenen Täter »ihr Lebtag noch nicht gewesen waren«, haben sie den Tod ihrer Kinder folglich zumindestens billigend in Kauf genommen.[221] Dies stellt aber »nur« einen Totschlagsversuch an Hänsel und Gretel dar.[222] Ein Mordversuch könnte allenfalls wegen »Heimtücke« zu erörtern sein. Die Eltern wollten aber die − vermeintliche − Arg- und Wehrlosigkeit ihrer Kinder nicht bewußt zu deren Tötung ausnutzen.

---

220 Fetscher, Hänsel und Gretels Entlarvung, a.a.O., S. 175.
221 Sog. dolus eventualis. − Beim Vater allerdings anderer Ansicht: Tibulski-Schribbeneck, Heiner: Grimm und die Justiz, Bad Segeberg 1965, S. 345.
222 Gänzlich anderer Ansicht ist allerdings Jessen, a.a.O., S. 98: »Die im Märchen dargestellten Fälle zeigen, daß die Aussetzung sozialer Notwendigkeit entsprang und eine vorsätzliche Tötung gar nicht in Betracht gezogen werden darf.« − Fetscher ist in dem Zusammenhang übrigens äußerst widersprüchlich; einerseits spricht er von einem Mordanschlag, andererseits führt er aus, daß die Tat »nur deshalb nicht als glatter Mordversuch bezeichnet werden dürfte, weil der tödliche Ausgang der Aussetzung im Wald ungewiß war« (Fetscher, Entlarvung, a.a.O., S. 175).

E r g e b n i s : Der Holzhacker und seine Frau haben einen versuchten Totschlag an Hänsel und Gretel begangen, §§ 22, 23, 212 StGB.[223]

3. Verletzung der Fürsorge- und Erziehungspflicht, § 170 d StGB

Die unzureichende Versorgung von Hänsel und Gretel mit Nahrung (»Sie erhielten ein Stückchen Brot, das war aber noch kleiner als das vorige Mal...«) und Hinausführen in den tiefen Wald kann außerdem eine Verletzung der Fürsorge- und Erziehungspflicht darstellen.[224] § 170 d StGB wird aber durch die Bestrafung wegen Kindesaussetzung verdrängt.[225]

E r g e b n i s : Hänsel und Gretels Eltern können nicht wegen Verletzung ihrer Fürsorge- und Erziehungspflichten bestraft werden.

4. Unterlassene Hilfeleistung, § 323 c StGB

Der Holzhacker und seine Frau können neben der Aussetzung nicht noch wegen unterlassener Hilfeleistung bestraft werden. Es wäre schlichtweg widersinnig, sie einerseits zu bestrafen, weil sie Hänsel und Gretel hilflos allein im Wald ließen, und sie anderseits zu bestrafen, weil sie die beiden nicht wieder aus dem Wald hinausführten und vor dem Zugriff der Hexe bewahrten.

E r g e b n i s : Eine Bestrafung der Eltern wegen unterlassener Hilfeleistung scheidet aus.

---

223 Ob der Totschlagsversuch durch aktives Tun in Form des Hineinführens in den Wald oder durch Unterlassen in Form von Alleinlassen im Wald begangen wurde, kann dahinstehen − die Eltern wären als sog. Garanten auch wegen Unterlassung zu belangen. − Vgl. zu dem Problem meine ausführliche Darstellung im Fall Struwwelpeter, a.a.O., S. 38 - 39.

224 Zu Ernährungsfragen grundlegend: BGH NJW 1951, S. 282. − Siehe auch meine ausführliche Darstellung zur strafrechtlichen Ernährungsfrage beim Suppenkaspar, in: Der Fall Struwwelpeter, a.a.O., S. 85 - 90.

225 Siehe Sch-Sch., a.a.O., § 221 StGB, Rn. 14.

B. DIE BEZEICHNUNG DES HOLZHACKERS ALS »NARR«

Strafbarkeit der Ehefrau

Beleidigung, § 185 StGB

Die Frau hat ihren Ehemann als »Narr« beschimpft, als er sich zunächst weigerte, die Kinder auszusetzen:

»O du Narr, sagte sie, dann müssen wir alle viere Hungers sterben, du kannst nur die Bretter für die Särge hobeln.«

Die Bezeichnung als »Narr« – ursprünglich ein Ausdruck für Geisteskranke – stellte eine schwere Ehrenkränkung dar.[226] Schon *Lessing* schrieb in seiner »Hamburgischen Dramaturgie«[227]:

»Die Narren sind in der ganzen Welt platt und frostig und ekel.«

Zu erwähnen sind auch *Werner Mezgers* »Bemerkungen zum mittelalterlichen Narrentum«[228]:

»Narren sind dumme Menschen; sie haben nur eine begrenzte Einsichtsfähigkeit in das Gefüge der Welt und in den göttlichen Heilsplan.«

Im Grimmschen Wörterbuch ist schließlich eine Fülle von Bedeutungen für den Ausdruck »Narr« nachgewiesen[229], die alle mit einer einzigen Ausnahme einen irgendwie mangelhaften Menschen bezeichnen.[230] Es lag also zweifelsohne ein strafbarer Angriff auf die Ehre von Hänsels und Gretels Vater vor.

---

226 Wie das Leben und Wirken des Till Eulenspiegels eindrucksvoll beweist, gab es auch berühmte Narren; sie hatten allerdings einen mehr als zweifelhaften »Ruhm«. – Vgl. dazu auch Mezger, W.: Hofnarren im Mittelalter – Vom tieferen Sinn eines seltsamen Amtes, o.O. 1981.

227 Lessing, Gotthold Ephraim: Auswahl in drei Bänden, Band 2: Die mittlere Epoche 1760 - 1770, Leipzig 1952, S. 310.

228 Mezger, W.: Narrenfreiheit – Untersuchungen des Ludwig-Uhland-Instituts der Universität Tübingen, Band 51, Tübingen 1980, S. 45.

229 Siehe Grimm, J. u. W.: Deutsches Wörterbuch II, Berlin 1854, XIII Sp. 354 - 364.

230 Hierauf weist Starck, Christian: Über Narrengerichte, NJW 1988, S. 287 ausdrücklich hin. – Äußerst kritisch hierzu aber Rosenfeld, Hellmut: Fastnacht, Fastnachtspiel, Narrengericht, Narren: Ursprung und Deutung, NJW 1989, S. 359: »Starck sieht in den Narren Menschen mit begrenzter Einsichtsfähigkeit in den göttlichen Heilsplan, sieht in ihnen die civitas terrena symbolisiert und versucht das mit dem veralteten Narren-Artikel in Grimms Deutschem Wörterbuch aus dem Jahr 1889 in Einklang zu bringen, obwohl dieser Artikel nur neuzeitliche Belege bringt.« – Vgl. aber die Erwiderung Starcks: Zur Deutung fastnächtlicher Bräuche, NJW 1989, S. 363 ff.

An dieser Stelle sei zusätzlich der Hinweis erlaubt, daß sich die juristische Literatur gerade in jüngster Zeit mit »Narren« verstärkt beschäftigt hat. Als richtungsweisend dürfte ein Aufsatz des Göttinger Professors Dr. Christian Starck aus dem Jahr 1988 gelten, der den durchaus programmatischen Titel »Über Narrengerichte« trägt.[231] Dort wird die Forderung aufgestellt, daß sich jeder Jurist »wenigstens einmal im Jahr für die bisher nicht beachtete Narrengerichtsbarkeit interessieren sollte«.[232] Dem kann nur zugestimmt werden.

E r g e b n i s : Der Holzhacker ist mit der Bezeichnung als »Narr« von seiner Ehefrau beleidigt worden, § 185 StGB.[233]

C. DER VERZEHR DES BROTHAUSES (HEXENHAUS)

Strafbarkeit von Hänsel und Gretel

Sachbeschädigung und Diebstahl, §§ 303, 242 StGB

Die Kinder begaben sich auf das Grundstück der Hexe und beschädigten das Hexenhaus:

»Hänsel langte in die Höhe und brach sich ein wenig vom Dach ab, um zu versuchen, wie es schmeckte. Gretel stellte sich an die Scheiben und knabberte daran.«

Weiter heißt es:

»Hänsel, dem das Dach sehr gut schmeckte, riß sich ein großes Stück

---

231 Starck, Christian: Über Narrengerichte, NJW 1988, S. 281 ff. – Siehe auch Perschel, Franz: Das »Faschingsrecht« und das deutsche Richterspiel, in: Sudetendeutsche Zeitschrift für Volkskunde 7, 1934, S. 63 ff. – Vgl. ferner Fehr, Hans: Narrengerichte und Narrengemeinden, in: ders., Kunst und Recht, Bd. 3, Bern 1936, S. 225, S. 229.

232 Starck, Über Narrengerichte, a.a.O. – Grundlegend auch Götz, Franz: Die Welt der Fastnachtsnarren, in: Narrenfreiheit – Untersuchungen des Ludwig-Uhland-Instituts der Universität Tübingen, Band 51, Tübingen 1980, S. 89 f. – Tibulski-Schribbeneck erlaubte sich in seiner provokanten Art in der Festschrift für Egon Krenz, Berlin/Dresden 1989, auf S. 134 den Hinweis, daß die Ausführungen Starcks nichts wesentlich Neues enthalten, da z.B. »Anwälte in ihrer täglichen Praxis nur zu oft auf Narrengerichte treffen«. – Äußerst kritisch auch Rosenfeld, a.a.O.

233 Ob die gleiche Bezeichnung Hänsels – »Narr, das ist dein Täubchen nicht« – eine weitere Straftat darstellt oder ausnahmsweise im Rahmen der elterlichen Erziehungsgewalt über § 1631 BGB zulässig war, sei aus Platzgründen dahingestellt.

davon herunter, und Gretel stieß eine ganze runde Festerscheibe heraus, setzte sich nieder und tat sich wohl damit.«

Eine Bestrafung wegen Sachbeschädigung und Diebstahl erscheint auf den ersten Blick naheliegend. Sie scheitert insbesondere nicht am Alter der beiden. Nach § 19 StGB kann man zwar erst ab 14 Jahren strafrechtlich zur Verantwortung gezogen werden. Im Hinblick auf das gesamte Vorgehen von Hänsel und Gretel, welches gewisse »Fertigkeiten« voraussetzte und Rückschlüsse auf ihre intellektuellen Fähigkeiten zuläßt, dürfte das Erreichen der Altersgrenze aber zumindestens möglich gewesen sein. Die Schuldfähigkeit soll deshalb hier unterstellt werden. Im übrigen ist es z.B. nach der aktuellen Rechtsprechung in Ausnahmefällen zulässig, sogar »einen Elfjährigen dem Strafrecht zu unterstellen und ihn als Beschuldigten zu vernehmen«. [234]

Die Literatur bejaht denn auch überwiegend ein strafbares Verhalten von Hänsel und Gretel:

»Hänsel und Gretel,
Ein Junge, ein Mädel –
Auf und davon:
Emanzipation.
Aber im Wald
Feucht und sehr kalt.
Häuschen entdeckt:
Diebstahl bezweckt . . . «[235]

An anderer Stelle werden die Vorgänge ähnlich bewertet:
»Nichts als Not gehabt,
erwischt beim Stehlen,
eingesperrt, ausgebrochen,
und ihren Wärter dabei umgebracht,
und aus denen, meinst Du,
soll noch was werden?!«[236]

234 Vgl. aus jüngster Zeit OLG Schleswig NJW 1989, S. 2207. – Eine wissenschaftliche Klärung, warum die Schuldfähigkeit erst mit Vollendung des 14. Lebensjahres beginnen soll, fehlt bisher; vgl. Weinschenck, MschrKrim 1964, S. 20.
235 Zitat: Vahle, Fritz: Hänsel und Gretel, in: Lauer, R./Mieder, W. (Hrsg.): Kein Hänsel ohne Gretel, Frankfurt a. M. 1988, S. 6.
236 Zitat: Wittmann, Josef: Hänsel und Gretel, in: Gelberg, Hans-Joachim (Hg): Neues vom Rumpelstilzchen und andere Märchen von 43 Autoren, Weinheim 1976.

Auch der *Deutsche Kinderschutzbund* geht von einem kriminellen Eßverhalten von Hänsel und Gretel aus. In der Zeitschrift »Kinderschutz aktuell«[237] heißt es dazu:

»Eingedenk ihres großen Hungers suchen die Kinder gar nicht erst den Besitzer des Häuschens herauszufinden, sondern brechen sich sogleich eine Mahlzeit ab und verspeisen sie genüßlich. Einer Stimme aus dem Inneren des Hauses, die fragt, wer denn da am Häuschen knuspere, antworten die Kinder: ›Der Wind, der Wind, das himmlische Kind‹ und setzen ihren Schmaus fort, ohne sich irre machen zu lassen. Ist durch die unrechtmäßige Entnahme einer ganzen Mahlzeit der Tatbestand des Diebstahls und der Sachbeschädigung erfüllt, so könnte man zunächst annehmen, daß Hänsel und Gretel durch ihren knurrenden Magen derart eingeschränkt in ihrer Zurechnungsfähigkeit waren, daß sie zu diesem Zeitpunkt nicht mehr erkennen konnten, was Recht und was Unrecht ist. Spätestens jedoch nach der ersten Sättigung kann ihnen diebstahlsmäßig gesehen die Unzurechnungsfähigkeit nicht mehr zugestanden werden.«

Sämtlichen Gutachtern ist aber entgegenzuhalten, daß sie Hänsel und Gretel zu jugendlichen Kriminellen stempeln[238], ohne zu berücksichtigen, daß der Verzehr der Pfefferkuchenhausteile mit Einwilligung der kannibalischen Hexe geschah:

»Sie hatte das Brothäuslein bloß gebaut, um sie herbeizulocken.«

Wenn die Hexe trotzdem mit feiner Stimme aus der Stube »Knusper, knusper, knäuschen, wer knuspert an meinem Häuschen« rief, diente das lediglich zur Identifizierung der menschlichen Opfer, nicht aber der Abwehr von Angriffen auf das Haus.[239] Konsequenterweise hat die Hexe Hänsel und Gretel zu keinem Zeitpunkt den Verzehr von Brothausteilen vorgeworfen. Die beiden »Täter« wurden sogar noch zusätzlich in besonderer Form kulinarisch von ihr verwöhnt:

»Sie faßte beide an der Hand und führte sie in ihr Häuschen. Da ward gutes Essen aufgetragen, Milch und Pfannekuchen mit Zucker, Äpfeln

---

237 Vgl. Anhang A.
238 Siehe Fetscher, a.a.O., S. 178 – er versteigt sich sogar zu dem Vorwurf, Hänsel und Gretel hätten die Einsperr- und Mäst-Geschichte glatt erfunden, um die Tatsache zu beschönigen, daß sie später die alte Frau umgebracht und beraubt haben. – In die gleiche Richtung geht auch Traxler, a.a.O., der Hänsels und Gretels angebliche Lügen unter Hinweis auf die Ergebnisse der Ausgrabung des Hexenhauses auf dem Engelsberg im Spessart »belegt«.
239 Hänsel und Gretel haben dies allerdings zunächst anders verstanden. Sie kannten aber den Tatplan der Hexe zu diesem Zeitpunkt noch nicht.

und Nüssen. Hernach wurden zwei schöne Bettlein weiß gedeckt, und Hänsel und Gretel legten sich hinein und meinten, sie wären im Himmel.«

Wegen der tatbestandsausschließenden Einwilligung der Hexe haben Hänsel und Gretel folglich weder eine Sachbeschädigung des Hexenhauses noch einen Diebstahl von Zuckersachen begangen.[240]

Ernsthaft in Betracht zu ziehen wäre nach h.M. allerdings eine versuchte Sachbeschädigung und ein versuchter Diebstahl. Immerhin war Hänsel und Gretel die Einwilligung der Hexe in die Beschädigung und den Verzehr ihres Hauses unbekannt. Nach ihrer eigenen Vorstellung taten sie etwas Unrechtmäßiges, als sie ihren Hunger an fremdem Eigentum stillten, so daß ein sog. untauglicher Versuch vorliegen könnte. Auf die Frage, wer an dem »Häuschen knuspert«, antworteten sie bezeichnenderweise mit einer Notlüge:

»Der Wind, der Wind, das himmlische Kind.«

Die Mahlzeit Hänsels und Gretels war aber trotzdem nicht kriminell. Schon *Anselm Feuerbach* folgerte 1826 in seinem berühmten »Lehrbuch des peinlichen Rechts«[241], daß eine Handlung nur dann rechtswidrig sei, »wenn sie das Recht verletzt oder gefährdet«, daß also z.B. die Beibringung »vermeintlichen Gifts«, oder der Versuch der »Tödtung eines Leichnams und dergleichen« straflos bleiben müsse.[242] Dem ist bis heute nichts hinzuzufügen.[243]

Ergebnis: Hänsel und Gretel haben sich mit ihrer »Hexenhaus-Mahlzeit« nicht strafbar gemacht.

---

240 Anders Düsenberg, a.a.O., S. 3. – Siehe auch Fetscher, a.a.O. – Zur Frage der tatbestandsausschließenden Einwilligung vgl. Sch-Sch., a.a.O. § 242 StGB, Rn 36.

241 Feuerbach, Anselm: Lehrbuch des peinlichen Rechts, 9. Auflage 1826, S. 42 f.

242 Vgl. dazu auch Stratenwerth, Günter: Strafrecht, Allgemeiner Teil, 2. Aufl., Köln u.a. 1979, Rn. 682.

243 Anderer Ansicht allerdings die ganz überwiegend herrschende Meinung. – Die Straflosigkeit folgt übrigens auch aus § 248 a StGB: die Dachteile aus Brot und Zucker waren geringwertige Sachen. Ein mangels besonderen öffentlichen Interesses an einer Strafverfolgung Hänsels und Gretels erforderlicher Strafantrag lag seitens der Hexe konsequenterweise nicht vor.

D. DER BAU DES HEXENHAUSES

»Außer der Gralsburg und den Pyramiden gibt es kaum ein Bauwerk, das so sehr mystifiziert worden ist wie dieses einsame Gemäuer.«[244]

1. Verstöße der Hexe gegen geltendes Baurecht[245]

Das Gebäude der Hexe hat durchaus einen hohen baugestalterischen Wert, wie dessen allgemeine Beliebtheit bei Bauherrn belegt. Gerade der von der Hexe entwickelte Bautyp wird jedes Jahr zu bestimmten Zeiten massiv kopiert; für viele Familien gehört das selbstgebaute Hexenhaus untrennbar zur Vorweihnachtszeit. Selbst Staatsanwalt Dr. Wulfen sprach – für ihn als strengen Hüter des Rechts eher untypisch – schwärmerisch von der »verzuckerten Architektonik des Pfefferkuchenhauses«.[246]

Vom zugegebenermaßen schönen Anblick des Bauwerks darf man sich aber nicht blenden lassen. Das Pfefferkuchenhaus war ohne Baugenehmigung mitten im Wald errichtet worden, ist also ein sogenannter »Schwarzbau«. Dort, im Außenbereich nach § 35 Baugesetzbuch, sind grundsätzlich nur privilegierte Bauvorhaben wie z.B. Jagdhütten zulässig.[247] Das Hexenhaus war zwar im weitesten Sinne eine »Jagdhütte«, privilegiert ist freilich nur die erlaubte Jagdausübung auf Wildtiere, keineswegs jedoch die »Jagd« auf Kinder bzw. Jugendliche.[248] Auch eine Genehmigung des Hexenhauses als »sonstiges Vorhaben» nach § 35 Abs. 2 Baugesetzbuch scheidet aus. Einer Genehmigung stünden öffentliche Belange entgegen, weil es z.B. an einer ordnungsgemäßen Erschließung des Hexenhauses durch Wege und Abwasserkanäle fehlt.

Eine Duldung der baurechtswidrigen Zustände im Wald braucht nicht ernsthaft erörtert zu werden. Das Haus der Hexe diente zur Durchführung gefährlicher krimineller Umtriebe der Bauherrin; außerdem hat es als Schwarzbau eine unerwünschte Vorbildwirkung. Hinzu kommt die Verletzung wichtiger bauordnungsrechtlicher Vorschriften:

---

244 Traxler, a.a.O., S. 45.
245 Für seine Mitarbeit danke ich Herrn Dipl. Ing. Lutz Fielbrand.
246 Wulfen, a.a.O., S. 365.
247 Siehe Battis: Kommentar zum Baugesetzbuch, München 1989, § 35 Rn. 42/BVerwG NVwZ 1983, S. 472.
248 Diese Ausführungen beruhen auf einem Hinweis von Herrn Regierungsrat z.A. Thomas Wagner, dem an dieser Stelle dafür ausdrücklich gedankt sei.

Das Hexenhaus dürfte z.B. seiner Bauart nach sowohl nicht standsicher i.S.d. § 15 Bauordnung NW[249] sein, als auch gegen §§ 16, 20, 21 Bauordnung NW verstoßen.

Nach §§ 20, 21 BauO dürfen nur »zugelassene Baustoffe« zum Hausbau verwendet werden. Brot, Kuchen und Zucker etc. erfüllen als Baumaterialien eines Pfefferkuchenhauses anerkanntermaßen diese Voraussetzungen nicht. Sie bergen außerdem die Gefahr in sich, daß nach § 16 BauO »durch Wasser, Feuchtigkeit oder tierische Schädlinge oder durch andere chemische, physikalische oder biologische Einflüsse Gefahren oder unzumutbare Belästigungen entstehen«.

Ergebnis: Das Hexenhaus ist als Schwarzbau abzureißen; gegen die Hexe wäre als Bauherrin nach §§ 21, 60, 79 BauO NW ein empfindliches Bußgeld zu verhängen.

2. Baugefährdung, § 323 StGB

Die Frage, ob Hänsel und Gretel konkret durch die Bauart des Hexenhauses gefährdet wurden, ist schwer zu beantworten. Das Haus wurde zwar entgegen den allgemein anerkannten Regeln der Technik ausgeführt, erwies sich aber überraschenderweise in der Praxis als relativ stabil. Im Zweifel scheidet eine Straftat aus, so daß es bei einer Ahndung gemäß den Vorschriften der Bauordnung verbleibt.

Ergebnis: Der Hexe kann eine Baugefährdung nicht nachgewiesen werden.

E. DAS EINSPERREN HÄNSELS IN EINEN STALL

Strafbares Verhalten der Hexe

Vorbemerkungen zum Tathergang

Die Vorgänge rund um das Hexenhaus geben Veranlassung zu einigen Vorbemerkungen zum Tathergang.

Was im Hexenwald mit Hänsel und Gretel geschah, ist in der Wissen-

---

249 Es wurde beispielhaft die Bauordnung Nordrhein-Westfalens angewendet.

schaft heftig umstritten. Gewichtige Stimmen hegen an dem Wahrheitsgehalt der Einsperr- und Mästgeschichte erhebliche Zweifel.[250]

Diesen Zweifeln muß zunächst nachgegangen werden.

In seiner Abhandlung »Die Entlarvung Hänsel und Gretels« äußert *Professor Iring Fetscher* den Verdacht, es handele sich um eine plumpe Erfindung der ausgesetzten Kinder. Deren Bericht über das angebliche Geschehen im Hexenhaus sei gefälscht. Er habe letztlich nur einem Zweck gedient: Vertuschung der eigenen Verbrechen (»Raubmord!«) an einer armen rothaarigen Witwe.[251]

In das gleiche Horn stößt der russische Wissenschaftler *Prof. Krasnogradski*[252], der sich 1975 auf dem dritten Internationalen Märchenkongreß in Oil Lake City zu Hänsel und Gretel wie folgt äußerte:

»Die Tat wird als schiere Notwehr geschildert, aber für die Richtigkeit dieser Aussage haben wir nur das Zeugnis der beiden Täter selbst. Sehen wir einmal von der offensichtlichen Voreingenommenheit des Märchenerzählers für die beiden Halbwüchsigen ab, so ergibt sich das Bild ungeahnter Lynchjustiz, mit anschließendem Raub.«[253]

Auch *Hans Traxler*, der vor Jahren mit seinem Buch »Die Wahrheit über Hänsel und Gretel« in Fachkreisen für Aufsehen sorgte, hegt an dem Wahrheitsgehalt des Märchens erhebliche Zweifel. Er weist auf Ausgrabungen des Forschers *Georg Osseg* hin, der »Hänsel und Gretel« als Tatsachenbericht auffaßte und auf angebliche Reste des Originalhexenhauses stieß.[254] Osseg ortete das vermeintliche Hexenhaus auf dem Engelsberg im Spessart.[255] Dessen Grabungsfunde, so Traxler, würden zu einer neuen Beurteilung des Märchens zwingen.

So habe sich in den Fundamenten des Hexenhauses – im Bereich eines Backofens – das Skelett einer weiblichen, erwachsenen Person gefunden.

---

250 Insbesondere Fetscher, Entlarvung, a.a.O. – Siehe auch Prof. Krasnogradski, Ivan: Referat über Hänsel und Gretel auf dem dritten internationalen Märchenkongreß in Oil Lake City, Texas, 1975, in: Fetscher, I.: Der Nulltarif der Wichtelmänner, a.a.O., S. 168. – Traxler: Die Wahrheit über Hänsel und Gretel, S. 57.

251 Ähnlich auch Maar, Paul: Die Geschichte vom bösen Hänsel, der bösen Gretel und der Hexe, zitiert nach Psaar/Klein, a.a.O., S. 100.

252 Krasnogradski, a.a.O., S. 168.

253 Grundlegend zu Lynchjustiz: Gerstäcker, Friedrich: Die Strangulation in Arkansas, Salt Lake City/Berlin 1912, S. 234 ff.

254 Eine ähnliche Arbeitsmethodik hatte übrigens der Archäologe Heinrich Schliemann, der über die Angaben in der Volkssage Ilias die antike Stadt Troja ausgrub. – Auch Sir Arthur Evans entdeckte nach einer Auswertung der griechischen Mythologie Knossos.

255 So auch der Untertitel des umstrittenen Buches von Traxler, a.a.O.: »Dokumentarbericht über die Ausgrabung des Hexenhauses auf dem Engelsberg im Spessart.«

Die Untersuchung des Skeletts durch Prof. Dr. Albert Vermeulen vom Anthropologischen Institut der Universität Leyden[256] habe ergeben, daß »die Frau bereits tot war, als sie in den Backofen geworfen wurde«.

Traxler zitiert aus dem geheimen Tagebuch des Grabungsleiters Osseg[257]:

»Kaum ein Tag vergeht, an dem nicht neue, überraschende Details ans Tageslicht kommen. Da nun feststeht, daß die Hexe tot war, wahrscheinlich erwürgt wurde, bevor sie verbrannte, ist die immer schon schiefe Behauptung hinfällig, sie wäre von Gretel in den Backofen geschoben worden. Die schlaue, mit allen Zaubertricks vertraute Hexe soll von einem kleinen Mädchen übertölpelt worden sein? Diese Vorstellung war mir schon als zehnjährigem Knaben nicht recht geheuer.«

Professor Fetscher [258] hält Hänsels und Gretels Aussagen aus ähnlichen Gründen für unglaubhaft, weil

»die alte Frau nach dem Eingeständnis der Geschwister selbst extrem kurzsichtig und schwach war und somit kaum imstande gewesen wäre, den kräftigen und geschickten Knaben einzusperren, zum anderen weil nicht recht verständlich gemacht werden kann, warum sie den Knaben und nicht das gewiß zartere und wohlschmeckendere Mädchen verspeisen wollte«.

Auch der geplante Mord an Gretel könne laut *Fetscher* nicht als erwiesen angesehen werden[259]:

»Wäre die alte Frau wirklich eine Hexe gewesen, dann hätte man sie kaum durch einen Knochen überlisten und ins Feuer schieben können.«

Die Darstellung des Tathergangs sei eine Aneinanderreihung von reinen Schutzbehauptungen von Hänsel und Gretel. In Wirklichkeit handele es sich bei dem Märchen um ein äußerst beunruhigendes Beispiel von Jugendkriminalität. Nur das populäre Vorurteil, es gebe Hexen und diese dürfe man ungestraft töten, habe bislang eine gerichtliche Untersuchung und die moralische Ablehnung des Verhaltens der Kinder verhindert. *Professor Fetschers* Resümee[260]:

»Zur Anlegung einer Strafakte ›Hänsel und Gretel (Raubmord)‹ ist es inzwischen zu spät, auch trifft die eigentliche Schuld in diesem Falle die

---

256 Ihm verdanken wir übrigens eine ausgezeichnete Wiederherstellung des Cromagnon-Menschen: vgl. Traxler, a.a.O., S. 55.
257 Tagebucheintrag des Georg Osseg am 5.9.1962. – Traxler, a.a.O., S. 57.
258 Fetscher, Entlarvung, a.a.O., S. 177-178.
259 Fetscher, Entlarvung, a.a.O., S. 179.
260 Fetscher, Entlarvung, a.a.O., S. 180.

Gesellschaft, die bereits damals kindliche Delinquenz erzeugte; aber die beschönigende Darstellung ihrer Tat sollte schleunigst revidiert werden.«[261]

Die gesamte Argumentation Professor Fetschers und seiner wissenschaftlichen Mitstreiter überzeugt bei kritischer Überprüfung nicht. Sie steht weder im Einklang mit den neueren Erkenntnissen der Hexenforschung, noch berücksichtigt sie in hinreichendem Maße anerkannte Erfahrungssätze bei der Beurteilung des Wahrheitsgehaltes von Zeugenaussagen.[262]Außerdem wird der Sachverhalt nicht erschöpfend ausgewertet.

Ohne an dieser Stelle die wissenschaftliche Diskussion vertiefen zu wollen, sei nur auf Folgendes hingewiesen:

Die Hexe vollzog »frühmorgens, ehe die Kinder erwacht waren« ihren Angriff auf Hänsel. Wenn sie unter derartigen Umständen den kräftigeren, aber ersichtlich schlaftrunkenen Jungen ohne Gegenwehr in den Stall tragen konnte, ist dies kein Wunder. Der von Fetscher vorgetragene Einwand ist damit ausgeräumt.

Soweit Professor Fetscher auf angebliche kulinarische Widersprüche bei der Auswahl des zu verspeisenden Opfers hinweist, verkennt er, daß die Geschmäcker von menschenfressenden Hexen verschieden sind. Nicht jede Hexe mag weibliches Fleisch am liebsten, wie es Fetscher ohne weiteren wissenschaftlich gesicherten Beleg einfach – vielleicht aus eigenen Erfahrungen heraus? – unterstellt.[263]

Schließlich kann auch nicht ernsthaft in Abrede gestellt werden, daß Hexen überlistbar sind, wie bereits B. Wieland vor mehr als 150 Jahren in ihrem Buch »Die Hex' vom Dasenstein« recht anschaulich nachgewiesen hat.[264]

Berücksichtigt man zudem, daß Traxlers »Dokumentarbericht« nachgewiesenermaßen von völlig verfehlten geographischen Annahmen ausging[265] und eine Fülle weiterer offensichtlicher Fehler enthält[266], bricht die Argumentation der selbsternannten Hänsel- und Gretel-Ankläger gänzlich in sich zusammen.

---

261 Ähnlich auch Traxler, a.a.O., S. 93, der ausdrücklich von einem »verjährten Kriminalfall« spricht.

262 Vgl. dazu die ausgezeichnete Darstellung bei Arntzen, Friedrich: Vernehmungspsychologie, 2. Auflage, München 1989.

263 So wie hier Michelin, J.: Die Hexe, Nachdruck der Ausgabe von 1763, Oggersheim 1987, S. 123. – Baroja, C.J.: Die Hexen und ihre Welt, Stuttgart 1961, S. 234.

264 Vgl. Wieland, B.: Die Hex' vom Dasenstein, Langenfeld 1817, S. 23 - 56 mit zahlreichen weiteren Fallbeispielen.

265 Siehe nur Schliemann, Heinrich jr.: Die angebliche Wahrheit über Hänsel und Gretel – Irrwege der archäologischen Pseudowissenschaft, Berlin 1989, S. 356 - 378.

Zusammenfassend ist daher der Sachverhalt – so wie ihn die Gebrüder Grimm als Juristen dokumentarisch festgehalten haben – als wahrheitsgemäß anzusehen.[267]

Im Folgenden kann deshalb nunmehr in die juristische Bewertung der Tathergänge eingetreten werden:

1. Schwere Freiheitsberaubung, § 239 StGB

Die Hexe legte als berüchtigte Menschenfresserin – die Fachleute sprechen von »Anthropophagie«[268] – eine kriminelle Potenz an den Tag, die in der gesamten deutschen Rechtsgeschichte ihresgleichen sucht.[269] Sie packte ihr armes Opfer Hänsel,

»trug ihn in einen kleinen Stall und sperrte ihn mit einer Gittertür ein; er mochte schreien, wie er wollte, es half ihm nichts«.[270]

Einen besseren Schulfall für eine strafbare Freiheitsberaubung gibt es kaum.

Ergebnis: Die Hexe hat sich wegen des Einsperrens von Hänsel in den Stall nach § 239 StGB strafbar gemacht. Da die Gefangenschaft über eine Woche dauerte (4 Wochen!), liegt ein schwerer Fall vor (§ 239 Abs. 2 StGB).

2. Fortgesetzte Nötigung, § 240 StGB

Soweit Hänsel von der Hexe genötigt wurde, die Beraubung seiner Freiheit zu dulden, liegt keine gesonderte Straftat vor. § 239 StGB verdrängt als spezielleres Gesetz die Nötigung.[271]

Eine strafbare Nötigung ist aber darin zu sehen, daß Hänsel regelmäßig

---

266 So verweist Traxler auf einen angeblichen Aufsatz von Max Landmann mit dem Titel »Hänsel und Gretel im Lichte der Rechtsfindung«, NJW 1955, S. 332. Diesen Aufsatz gibt es nicht.

267 Gleicher Ansicht auch Tibulski-Schribbeneck, H.: Der Fall Hänsel und Gretel – Hintergründe und Folgen, Ratingen 1982, S. 398 oben.

268 Vgl. in dem Zusammenhang die wunderbare, aber gefährlich verharmlosende Darstellung von Wulfen, a.a.O., S. 365: »Die Anthropophagie der lüsternen Hexe wird von der verzuckerten Architektonik des Pfefferkuchenhauses völlig überstrahlt.«

269 So ausdrücklich Düsenberg, a.a.O. – Siehe zum Menschenfressertum von Hexen, Königinnen usw.: Wulfen, a.a.O., S. 353, S. 365.

270 Traxler erweist sich als unbelehrbar, wenn er auf S. 52 seines »Dokumentarberichts« ausführt: »Nach den Überresten des Ställchens, in dem Hänsel eingesperrt gewesen sein soll, grub Osseg lange, aber vergeblich. Es gab gar kein solches Ställchen, und wir werden noch sehen, warum.«

271 OLG Koblenz VRS 49, 350. – Günther, J.-M.: Der Fall Max und Moritz, a.a.O., S. 94.

seine Finger aus dem Stall strecken mußte, damit die Hexe fühlen konnte, ob er schon fett sei. Außerdem wurde Hänsel von der Hexe gegen seinen Willen fortwährend gemästet.

Ergebnis: Die Hexe hat sich der fortgesetzten Nötigung Hänsels schuldig gemacht, § 240 StGB.

3. Körperverletzung, § 223 StGB

Das gewaltsame Mästen eines Minderjährigen stellt eine Körperverletzung zu Lasten des Gemästeten dar.[272]

Ergebnis: Die Hexe hat sich mit dem Mästen von Hänsel nach § 223 StGB strafbar gemacht.

Beleidigung, § 185 StGB

Die Hexe steckte Hänsel in einen Stall und gab ihm damit zu verstehen, daß sie ihn mit Stalltieren, die zum menschlichen Verzehr bestimmt sind (Schweine, Rinder), auf eine Stufe stellt. Ein solches Verhalten war eine Mißachtung der Persönlichkeit Hänsels.[273]

Ergebnis: Die Hexe hat Hänsel durch das Einsperren in den Stall beleidigt, § 185 StGB.

F. DAS GEPLANTE SCHLACHTEN UND KOCHEN HÄNSELS

Versuchter Mord, §§ 22, 23, 211 StGB

Der Tatplan der kannibalischen Hexe sah eine Ermordung Hänsels vor:
»Hänsel mag fett oder mager sein, morgen will ich ihn schlachten und kochen.«

Zu einem Mordversuch an Hänsel ist es aber dann nicht mehr gekommen. Die Tat blieb im Vorbereitungsstadium stecken. Der Tötung Hänsels

---

272 So im Ergebnis auch Düsenberg, a.a.O., S. 3.
273 Zur Beleidigung durch Tierbezeichnungen vgl. meine ausführliche Darstellung im Fall Max und Moritz, a.a.O., S. 45 ff. – Grundlegend zum Thema »Beleidigung«: Lessing, a.a.O., Frühe Komödien, S. 112: »Die Beleidigungen werden nur durch die böse Absicht dessen, der beleidigt, und durch die Empfindlichkeit dessen, der beleidigt wird, zu Beleidigungen.«

sollte nämlich die Tötung der Zeugin Gretel vorgelagert sein. Als diese aus den bekannten Gründen scheiterte, konnte auch der vorgesehene Verzehr Hänsels nicht mehr von der Hexe in Angriff genommen werden.[274]

E r g e b n i s : Die Hexe hat keinen Mordversuch an Hänsel begangen.

G. DIE ARBEIT GRETELS IM HAUSHALT DER HEXE

1. Freiheitsberaubung und Nötigung, §§ 239, 240 StGB

Gretel wurde im Hexenhaus gefangengehalten und unter Androhung von Gewalt dazu genötigt, für die Hexe zu arbeiten:

»Steh auf, Faulenzerin, trag Wasser und koch deinem Bruder etwas Gutes, der sitzt draußen im Stall und soll fett werden.«

An anderer Stelle heißt es:

»Frühmorgens mußte Gretel heraus, den Kessel mit Wasser aufhängen und Feuer anzünden.«

E r g e b n i s : Die Hexe ist wegen Freiheitsberaubung und Nötigung Gretels zu bestrafen, §§ 239, 240 StGB.

2. Verstöße gegen das Jugendarbeitsschutzgesetz

Die Hexe hat die minderjährige Gretel mit regelmäßigem Schleppen schwerer Wassereimer, Kochen und allgemeiner Haushaltätigkeit beschäftigt. Der Deutsche Kinderschutzbund hat deshalb 1987 in seiner Zeitschrift »Kinderschutz aktuell« allgemein auf Verstöße der Hexe gegen das Jugendarbeitsschutzgesetz hingewiesen.[275] Sie können im Rahmen dieses Forschungsvorhabens näher konkretisiert werden.

Nach den Vorschriften des Jugendarbeitsschutzgesetz ist die Beschäftigung von Kindern und von Jugendlichen unter 15 Jahren grundsätzlich verboten. Wie alt Gretel zum Tatzeitpunkt war, steht nicht sicher fest.[276] Völlig unhaltbar ist jedenfalls die Auffassung Traxlers, der unter Hinweis auf die archäologische Hänsel und Gretel-Forschung ernsthaft meint, bei

---

274 Zum Meinungsstreit bei der Abgrenzung zwischen strafloser Vorbereitung und strafbarem Versuch vgl. Sch-Sch., § 22 StGB, Rn. 40.
275 Düsenberg, a.a.O., S. 11.
276 Siehe oben S. 95.

Gretel habe es sich in Wahrheit um die seinerzeit 34 Jahre alte Grete(!) Metzler aus dem Raum Nürnberg gehandelt.[277] In Wirklichkeit dürfte Gretel(!) aufgrund ihres gesamten Verhaltens zum Tatzeitpunkt etwa um vierzehn Jahre alt gewesen sein[278], so daß ihre Beschäftigung gegen § 7 Abs. 1 Jugendarbeitsschutzgesetz verstieß.

Das fortgesetzte Schleppen schwerer Wassereimer war außerdem wegen drohender Haltungsschäden nach § 22 Abs. 1 Nr. 1 Jugendarbeitsschutzgesetz verboten (»Gefährliche Arbeiten«). Zu untersuchen wäre schließlich noch ein Verstoß der Hexe gegen § 25 Abs. 1 Ziff. 1 Jugendarbeitsschutzgesetz. Nach dieser Vorschrift dürfen

»Personen, die wegen eines Verbrechens zu einer Freiheitsstrafe von mindestens zwei Jahren rechtskräftig verurteilt sind«,
Jugendliche nicht beschäftigen.

Die Hexe war eine berüchtigte Menschenfresserin. Wenn ein Kind »in ihre Gewalt kam, so machte sie es tot, kochte es und aß es«.

Die Hexe müßte »normalerweise« bereits massive Vorstrafen auf ihrem mehr als sprichwörtlichen Buckel gehabt haben. Angesichts der bekanntermaßen großen Anzahl von sog. Hexenprozessen – »Aus Sachsen ist der Ausspruch eines Richters überliefert, der sich rühmte, 53-mal die Bibel gelesen und zwischendurch 20.000 Hexen dem Scheiterhaufen überliefert zu haben«[279] – wäre es kaum erklärlich, wenn sich gerade diese besonders kriminelle Waldhexe trotz massiver Gewalttaten über einen längeren Zeitraum jeder Strafverfolgung hätte entziehen können. Die Aufklärungsquote bei Mord bewegt sich um die 98 % herum. Es fehlt aber an gerichtsverwertbaren Beweisen für eine rechtskräftige Verurteilung. Ein Verstoß gegen § 25 des Jugendarbeitsschutzgesetzes kann der Hexe folglich nicht nachgewiesen werden.

E r g e b n i s : Die Hexe hat durch die Beschäftigung Gretels gegen §§ 2, 7 Abs. 1, 22 Abs. 1 Nr. 1, 58 Abs. 1 Ziff. 3 und 18 Jugendarbeitsschutzgesetz verstoßen. Da sie vorsätzlich handelte und Gretels Gesundheit bzw. Arbeitskraft bei der Tätigkeit im Hexenhaus gefährdet wurde, sind die Verstöße nach § 58 Abs. 5 Jugendarbeitsschutzgesetz als Straftaten zu werten.

---

277 Vgl. Traxler, a.a.O., S. 81. – Siehe zu Traxlers Darstellung meine kritischen Anmerkungen auf S. 102. – Siehe auch Schliemann, Heinrich jr., a.a.O., S. 393 ff.
278 Ihre Strafrechtsmündigkeit wurde folglich an anderer Stelle der Untersuchung bejaht – siehe Kapitel IV. C.
279 Traxler, a.a.O., S. 67. – Siehe auch FG München NJW 1990, S. 1256

3. Beleidigung, § 185 StGB

Die Hexe hat außerdem Gretel fortwährend beleidigt, da sie das Mädchen u.a. mit »Faulenzerin« und »Dumme Gans«[280] beschimpfte, und ihr Weinen um Hänsels drohenden Tod als »Geplärre« abtat.

Ergebnis: Fortgesetzte Beleidigung Gretels, § 185 StGB.

H. DIE GEPLANTE TÖTUNG GRETELS IM BACKOFEN

Versuchter Mord, §§ 22, 23, 211 StGB

Die Hexe befahl Gretel in den Ofen hineinzukriechen, um zu sehen, »ob recht eingeheizt ist, damit wir das Brot hineinschieben können«.

In Wahrheit wollte sie das Mädchen im glühenden Backofen töten, um es später zu verspeisen[281]:

»Wenn Gretel darin war, wollte sie den Ofen zumachen, und es sollte darin braten. Dann wollte sie's auch aufessen.«

Zu prüfen wäre deshalb eine Bestrafung wegen Mordversuchs in Form der »grausamen Tötung«.

Grausam zu töten versucht derjenige, der seinem Opfer aus gefühlloser, unbarmherziger Gesinnung besondere Schmerzen oder Qualen zufügt, die über das für die Tötung als solche erforderliche Maß hinausgehen.[282] Unter »normalen« Umständen werden Menschen in einem glühenden Ofen nicht lange leiden, da sie entweder sofort bewußtlos werden oder sofort versterben.[283] Im Zweifel muß zu Gunsten der Hexe der Versuch der grausamen Tötung verneint werden.

---

280 Zur Beleidigung durch Tierbezeichnungen vgl. meine ausführliche Darstellung im Fall Max und Moritz, a.a.O., S. 45. – Siehe auch BGH Zivils. 39, 134: Bezeichnung einer Fernsehansagerin als »ausgemolkene Ziege, bei deren Anblick einem die Milch sauer wird«. – Siehe auch OLG Hamburg MDR 1967, S. 146: Bezeichnung eines Ministers als »Esel«.

281 Vgl. dazu Wulfen, a.a.O., S. 365.

282 BGH Strafs. 3, 180, 181. – Günther, J.-M.: Der Fall Max und Moritz, a.a.O., S. 86.

283 Günther, J.-M.: Der Fall Max und Moritz, a.a.O., S. 86. – Stark, Franz-Ferdinand: Der Ofentod, in: Schriftenreihe des Kölner Instituts für Rechtsmedizin, Köln 1853, S. 487 ff. – Eine andere Auffassung erscheint im konkreten Fall unter dem Gesichtspunkt vertretbar, daß z.B. die Hexe offenbar doch im Backofen erhebliche Qualen erlitt: »Da gab ihr Gretel einen Stoß, daß sie weit hineinfuhr, machte die eiserne Tür zu und schob den Riegel vor. Hu! da fing sie an zu heulen, ganz grauselig; aber Gretel lief fort, und die gottlose Hexe mußte elendig verbrennen.«

Sie wollte aber Gretel aus »niedrigen Beweggründen« aus dem Weg schaffen. Solche Mordabsichten bestehen, wenn sich die Triebfedern einer Tat nicht nur als verwerflich darstellen, sondern auf tiefster Stufe stehen und als besonders verachtenswert erscheinen.[284] Derartiges war hier der Fall. Gretel sollte als Beweismittel ausscheiden und als Mahlzeit dienen. Gerade das letzte Motiv steht zweifelsohne auf sittlich tiefster Stufe. Kannibalismus ist im europäischen Raum ausgerottet und wird in unserem Gesellschafts- und Rechtssystem als extrem sozialwidrig angesehen.[285] Nur noch die Sprache erinnert an kannibalistische Gewohnheiten, wenn es zum Beispiel heißt, man habe jemanden »zum Fressen gern«.[286]

E r g e b n i s : Die Hexe hat am Backofen Gretel zu ermorden versucht, §§ 22, 23, 211 StGB.

I. DAS HINEINSTOSSEN DER HEXE IN DEN GLÜHENDEN BACKOFEN

Strafbarkeit Gretels

Totschlag, § 212 StGB

Gretel hat die Hexe in den glühenden Ofen gestoßen und die eiserne Ofentür zugemacht. In der Folge starb die Hexe den üblichen Feuertod.[287]

Ob Gretel so handeln durfte, ist heftig umstritten. *Fritz Vahle* verurteilt z.B. die Tötung der Hexe:

»Mit Kuchen bedacht,
Der selbst gemacht.
Den aßen die zwei,
Und dachten dabei:

---

284 BGHSt. 2, 63/3, 133, 333. – Sch-Sch., § 211 StGB, Rn. 18.
285 Vgl. die ausführliche Darstellung von Jessen, a.a.O., S. 173 - 175. – Siehe auch Wulfen, a.a.O., S. 353.
286 Hierauf weist zutreffend hin: Jessen, a.a.O., S. 174. – Vgl. auch Hentig, H. v.: Die Strafe/Sinnvoller Zufall, eine alte Rechtsanschauung, Z.R.G. 1963, S. 180 ff., der darauf aufmerksam macht, daß der Sprache kultur- und kriminalhistorische Bedeutung beizumessen ist.
287 Zum Feuertod von Hexen ausführlich Jessen, a.a.O., S. 157 ff.: »Hexen und Feuer bedingen einander.« – Siehe dazu auch His, R.: Das Strafrecht des deutschen Mittelalters, o.O., 1. Teil 1920, 2. Teil 1935 – Vgl. ferner v. Hentig, a.a.O., S. 33.

Der Backofen dort –
Die Alte muß fort.
Handelten schnell
Und sehr kriminell,
Doch ohne Komplexe
(War nur 'ne Hexe). –
Ein sauberes Pärchen,
Fast wie im Märchen.«[288]

In einer interessanten Bearbeitung des Märchens von *Ulrich Kaiser* heißt es:

»Eines Tages kam die Polizei, die unbedingt wissen wollte, wie denn die böse Frau ums Leben gekommen sei. Weil Gretel sich in Widersprüche verwickelte, wurde sie alsbald festgenommen und bald darauf wegen Totschlags verurteilt. Der Hänsel kam etwas besser weg. Man sprach ihn der Beihilfe schuldig, obgleich er eigentlich ja gar nichts dafür konnte.«[289]

Auch der Deutsche Kinderschutzbund hegt – allerdings eher unterschwellig – Zweifel am Vorliegen reiner Notwehr:

»Ob zu diesem Zweck die Tötung zum Nachteil der Hexe durch Verbrennen Mord, Körperverletzung mit Todesfolge oder reine Notwehr war, bleibt noch zu prüfen. Fest steht indes, daß Hänsel und Gretel den Tatort nach dem Tode der Hexe nicht fluchtartig verlassen haben, sondern in aller Seelenruhe noch das Diebesgut der bösen alten Frau (Perlen/Edelsteine) an sich brachten. Erst danach kehrten sie zum Hause ihres Vaters zurück.«[290]

Professor Fetscher und Hans Traxler sprechen sogar ausdrücklich von »Raubmord«.[291]

Die offenen oder angedeuteten Zweifel an einer Notwehrhandlung Gretels sind aber allesamt unberechtigt; sie wurden zum Teil schon in meinen Vorbemerkungen zum Tathergang widerlegt.

Die Tötung der Hexe erfolgte, um den eigenen Ofentod und den Tod des gefangenen Bruders abzuwenden. Welche anderen Möglichkeiten zur Gefahrenabwehr hätte denn Gretel in der konkreten Gefahrensituation gehabt? Eine Flucht schied von vornherein aus. Die Hexe konnte Menschen wittern, so daß sie ihre beiden Opfer in jedem Versteck im Wald aus-

---

288 Zitat: Vahle, a.a.O.
289 Kaiser, Ulrich: Hänsel und Gretel oder Der Mord in der Badewanne, in: Lauer, R./ Mieder, W. (Hrsg.): Kein Hänsel ohne Gretel, a.a.O., S. 60.
290 Düsenberg, a.a.O., S. 3.
291 Vgl. die Vorbemerkungen zum Tathergang. – So auch Krasnogradski, a.a.O.

findig gemacht hätte. Verbunden mit der Fähigkeit zum Luftflug und zur Tierverwandlung, wäre es für sie ein leichtes gewesen, deren Entkommen zu verhindern.[292]

Eine körperliche Auseinandersetzung mit der Hexe durch Faustschläge und ähnliches versprach ebenfalls keine Aussicht auf Erfolg.[293] Nur der Feuertod konnte zu einer endgültigen, erfolgreichen Abwehr der von der Hexe ausgehenden Gefahren für Leib und Seele von Hänsel und Gretel führen. Folglich durfte Gretel die sich ihr bietende einmalige und letztmalige(!) Chance zur Vernichtung der Hexe nutzen. Wie heißt es so treffend in einem alten deutschen Rechtssprichwort:

»Notschlag ist kein Totschlag.«[294]

E r g e b n i s : Gretel hat die Hexe in Notwehr in den Ofen geschoben.

J. DAS MITNEHMEN VON PERLEN UND EDEL-STEINEN AUS DEM HEXENHAUS

Strafbarkeit von Hänsel und Gretel

1. Diebstahl, § 242 StGB

Auf den ersten Blick kommt eine Bestrafung von Hänsel und Gretel wegen Diebstahls in Betracht, denn sie

»gingen in das Haus der Hexe hinein, da standen in allen Ecken Kasten mit Perlen und Edelsteinen. ›Die sind noch besser als Kieselsteine‹, sagte Hänsel und steckte in seine Taschen, was hinein wollte, und Gretel sagte: ›Ich will auch etwas mit nach Hause bringen‹ und füllte sich sein Schürzchen voll«.

Für den Deutschen Kinderschutzbund ergab sich daraus die Frage, wie

»ausgeprägt das Unrechtsbewußtsein der Kinder überhaupt war. Möglicherweise liegt hier bezüglich des Unrechtsbewußtseins auch eine Sym-

---

292 Vgl. zu den besonderen Fähigkeiten von Hexen: Wolf, H.J.: Hexenwahn und Exorzismus, Kriftel 1979, S. 167. – Haerkötter, Gerd: Hexenfurz und Teufelsdreck, a.a.O., S. 135 - 142. – Baschewitz, K.: Hexen und Hexenprozesse, München 1963.
293 Vgl. dazu auch aus neuerer Zeit: Kruse, Johann: Hexen unter uns. Magie und Zauberglauben in unserer Zeit, Leer 1978.
294 Eisenhut: Grundsätze des deutschen Rechts in Sprichwörtern, o.O. 1813, S. 459.

ptomtradition vor, denn auch der Vater zeigte keinerlei Skrupel, behielt die Schätze und machte sich damit zugleich der Hehlerei schuldig«.[295]

Ein vorhergehender Diebstahl könnte aber nur angenommen werden, wenn Hänsel und Gretel den »Gewahrsam« der Hexe an den Wertgegenständen gebrochen hätten. Zum Zeitpunkt der Mitnahme war die Hexe bereits verstorben, so daß der alte Rechtsgrundsatz galt:

»Tote haben keinen Gewahrsam«.[296]

Die Hexe konnte also nicht (mehr) bestohlen werden. Von möglichen Erben, deren Gewahrsam hätte gebrochen werden können, ist nichts bekannt.[297]

E r g e b n i s : Hänsel und Gretel haben keinen Diebstahl von Perlen und Edelsteinen begangen.

2. Unterschlagung, § 246 StGB[298]

Das Verhalten von Hänsel und Gretel stellte aber eine Unterschlagung dar. Mit dem Tod der Hexe waren die Wertgegenstände im Knusperhäuschen nicht etwa herrenlos, sondern gehörten den rechtmäßigen Eigentümern des Diebesgutes. Wenn Hänsel und Gretel sie gleichwohl in Kenntnis ihrer offensichtlich unrechtmäßigen Herkunft bedenkenlos mitnahmen, haben sie sich die Gegenstände rechtswidrig zugeeignet.[299]

E r g e b n i s : Hänsel und Gretel haben eine Unterschlagung von Perlen und Edelsteinen begangen, § 246 StGB.

---

295 Düsenberg, a.a.O., S. 3.
296 Sch-Sch., a.a.O., § 242 StGB, Rn. 30.
297 Die möglichen Erben der Hexe hatten jedenfalls keinen tatsächlichen Gewahrsam, auf den es im strafrechtlichen Sinne allein ankäme. – Vgl. dazu RGSt. 58, 228.
298 § 246 StGB, Unterschlagung: Wer eine fremde bewegliche Sache, die er in Besitz oder Gewahrsam hat, sich rechtswidrig zueignet, wird mit Freiheitsstrafe bis zu drei Jahren oder mit Geldstrafe und, wenn die Sache ihm anvertraut ist, mit Freiheitsstrafe bis zu fünf Jahren oder mit Geldstrafe bestraft.
299 Die Problematik der sog. großen und kleinen berichtigenden Auslegung des § 246 StGB sei hier aus Platzgründen nur angedeutet. – Siehe dazu ausführlich Dreher, a.a.O., § 246 StGB, Rn. 10.

K. DER RITT VON HÄNSEL UND GRETEL AUF DEM ENTCHEN

Verstoß gegen das Tierschutzgesetz, § 17 Tierschutzgesetz

Da Hänsel und Gretel sich auf ein weißes Entchen setzten, wäre eine Bestrafung wegen Tierquälerei zu prüfen. Es gibt allerdings merkwürdigerweise wenig Anhaltspunkte für eine dadurch bedingte Störung des tierischen Wohlbefindens der Ente.[300] Sie kam freiwillig zu den beiden und konnte sie offenbar – getrennt – problemlos sicher über das Wasser transportieren.

Ergebnis: Ein Verstoß von Hänsel und Gretel gegen das Tierschutzgesetz kann nicht festgestellt werden.

L. DIE ANNAHME DER PERLEN UND EDELSTEINE DURCH DEN VATER

Strafbarkeit des Vaters

Hehlerei, § 259 StGB

Der Vater von Hänsel und Gretel zeigte keinerlei Skrupel[301] und behielt zumindestens Teile der von seinen Kindern unterschlagenen Schätze für sich.

Ergebnis: Der Holzhacker hat sich der Hehlerei[302] strafbar gemacht.[303]

---

300 Vgl. dazu auch meine Ausführungen zum Ergreifen der Gänsebeine durch Schneider Böck im Fall Max und Moritz, a.a.O., S. 49 f.

301 So ausdrücklich Düsenberg, a.a.O., S. 3.

302 Siehe auch Günther, J.-M.: Der Fall Max und Moritz, a.a.O., S. 34: »Der Stehler ist kein Hehler.« – Oellers, Bernd: Der Hehler ist schlimmer als der Stehler, GA 1967, S. 6 ff. – Weiß: Die Hehler, Kriminalabhandlungen, Heft 13, 1930.

303 In dem Zusammenhang sei auch der – allerdings hier mangels Gewerbsmäßigkeit nicht einschlägige – § 147 a Gewerbeordnung erwähnt: »Es ist verboten, von Minderjährigen gewerbsmäßig Edelsteine, Schmucksteine, synthetische Steine oder Perlen zu erwerben.«

ASCHENPUTTEL

Einem reichen Manne, dem wurde seine Frau krank, und als sie fühlte, daß ihr Ende herankam, rief sie ihr einziges Töchterlein zu sich ans Bett und sprach: »Liebes Kind, bleib fromm und gut, so wird dir der liebe Gott immer beistehen, und ich will vom Himmel auf dich herabblicken und will um dich sein.« Darauf tat sie die Augen zu und verschied. Das Mädchen ging jeden Tag hinaus zu dem Grabe der Mutter und weinte und blieb fromm und gut. Als der Winter kam, deckte der Schnee ein weißes Tüchlein auf das Grab, und als die Sonne im Frühjahr es wieder herabgezogen hatte, nahm sich der Mann eine andere Frau.

Die Frau hatte zwei Töchter mit ins Haus gebracht, die schön und weiß von Angesicht waren, aber garstig und schwarz von Herzen. Da ging eine schlimme Zeit für das arme Stiefkind an. »Soll die dumme Gans bei uns in der Stube sitzen!« sprachen sie. »Wer Brot essen will, muß es verdienen: hinaus mit der Küchenmagd.« Sie nahmen ihm seine schönen Kleider weg, zogen ihm einen grauen alten Kittel an und gaben ihm hölzerne Schuhe. »Seht einmal die stolze Prinzessin, wie sie geputzt ist!« riefen sie, lachten und führten es in die Küche. Da mußte es von Morgen bis Abend schwere Arbeit tun, früh vor Tag aufstehn, Wasser tragen, Feuer anmachen, kochen und waschen. Obendrein taten ihm die Schwestern alles ersinnliche Herzeleid an, verspotteten es und schütteten ihm die Erbsen und Linsen in die Asche, so daß es sitzen und sie wieder auslesen mußte. Abends, wenn es sich müde gearbeitet hatte, kam es in kein Bett, sondern mußte sich neben den Herd in die Asche legen. Und weil es darum immer staubig und schmutzig aussah, nannten sie es Aschenputtel.

Es trug sich zu, daß der Vater einmal in die Messe ziehen wollte, da fragte er die beiden Stieftöchter, was er ihnen mitbringen sollte. »Schöne Kleider«, sagte die eine, »Perlen und Edelsteine« die zweite. »Aber du, Aschenputtel«, sprach er, »was willst du haben?« – »Vater, das erste Reis, das Euch auf Eurem Heimweg an den Hut stößt, das brecht für mich ab.« Er kaufte nun für die beiden Stiefschwestern schöne Kleider, Perlen und Edelsteine, und auf dem Rückweg, als er durch einen grünen Busch ritt, streifte ihn ein Haselreis und stieß ihm den Hut ab. Da brach er das Reis ab und nahm es mit. Als er nach Haus kam, gab er den Stieftöchtern, was sie sich gewünscht hatten, und dem Aschenputtel gab er das Reis von dem Haselbusch. Aschenputtel dankte ihm, ging zu seiner Mutter Grab und pflanzte das Reis darauf und weinte so sehr, daß die Tränen darauf niederfielen und es begossen. Es wuchs aber und ward ein schöner Baum. Aschenputtel ging alle Tage dreimal darunter, weinte und betete, und allemal kam ein weißes Vöglein auf den Baum, und wenn es einen Wunsch aussprach, so warf ihm das Vöglein herab, was es sich gewünscht hatte.

Es begab sich aber, daß der König ein Fest anstellte, das drei Tage dauern sollte und wozu alle schönen Jungfrauen im Lande eingeladen wurden, damit sich sein Sohn eine Braut aussuchen möchte. Die zwei Stiefschwestern, als sie hörten, daß sie auch dabei erscheinen sollten, waren guter Dinge, riefen Aschenputtel und sprachen: »Kämm uns die Haare, bürste uns die Schuhe und mache uns die Schnallen fest, wir gehen zur Hochzeit auf des Königs Schloß.« Aschenputtel gehorchte, weinte aber, weil es auch gern zum Tanz mitgegangen wäre, und bat die Stiefmutter, sie möchte es ihm erlauben. »Du, Aschenputtel«, sprach sie, bist voll Staub und Schmutz und willst zur Hochzeit? Du hast keine Kleider und Schuhe und willst tanzen!« Als es aber mit Bitten anhielt, sprach sie endlich: »Da habe ich dir eine Schüssel Linsen in die Asche geschüttet, wenn du die Linsen in zwei Stunden wieder ausgelesen hast, so sollst du mitgehen.« Das Mädchen ging durch die Hintertüre nach dem Garten und rief: »Ihr zahmen Täubchen, ihr Turteltäubchen, all ihr Vöglein unter dem Himmel, kommt und helft mir lesen,

die guten ins Töpfchen,
die schlechten ins Kröpfchen.«

Da kamen zum Küchenfenster zwei weiße Täubchen herein und danach die Turteltäubchen, und endlich schwirrten und schwärmten alle Vöglein unter dem Himmel herein und ließen sich um die Asche nieder. Und die Täubchen nickten mit den Köpfchen und fingen an, pick, pick, pick, pick, und da fingen die übrigen auch an, pick, pick, pick, pick, und lasen alle guten Körnlein in die Schüssel. Kaum war eine Stunde herum, so waren sie schon fertig und flogen alle wieder hinaus. Da brachte das Mädchen die Schüssel der Stiefmutter, freute sich und glaubte, es dürfte nun mit auf die Hochzeit gehen. Aber sie sprach:»Nein, Aschenputtel, du hast keine Kleider und kannst nicht tanzen: du wirst nur ausgelacht.« Als es nun weinte, sprach sie:»Wenn du mir zwei Schüsseln voll Linsen in einer Stunde aus der Asche rein lesen kannst, so sollst du mitgehen«, und dachte:»Das kann es ja nimmermehr.« Als sie die zwei Schüsseln Linsen in die Asche geschüttet hatte, ging das Mädchen durch die Hintertüre nach dem Garten und rief:»Ihr zahmen Täubchen, ihr Turteltäubchen, all ihr Vöglein unter dem Himmel, kommt und helft mir lesen,
die guten ins Töpfchen,
die schlechten ins Kröpfchen.«

Da kamen zum Küchenfenster zwei weiße Täubchen herein und danach die Turteltäubchen, und endlich schwirrten und schwärmten alle Vöglein unter dem Himmel herein und ließen sich um die Asche nieder. Und die Täubchen nickten mit ihren Köpfchen und fingen an, pick, pick, pick, pick, und da fingen die übrigen auch an, pick, pick, pick, pick, und lasen alle guten Körner in die Schüsseln. Und eh eine halbe Stunde herum war, waren sie schon fertig und flogen alle wieder hinaus. Da trug das Mädchen die Schüsseln zu der Stiefmutter, freute sich und glaubte, nun dürfte es mit auf die Hochzeit gehen. Aber sie sprach:»Es hilft dir alles nichts: du kommst nicht mit, denn du hast keine Kleider und kannst nicht tanzen; wir müßten uns deiner schämen.« Darauf kehrte sie ihm den Rücken zu und eilte mit ihren zwei stolzen Töchtern fort.

Als nun niemand mehr daheim war, ging Aschenputtel zu seiner Mutter Grab unter dem Haselbaum und rief:
»Bäumchen, rüttel dich und schüttel dich,
wirf Gold und Silber über mich.«

Da warf ihm der Vogel ein golden und silbern Kleid herunter und mit Seide und Silber ausgestickte Pantoffeln. In aller Eile zog es das Kleid an und ging zur Hochzeit. Seine Schwestern aber und die Stiefmutter kannten es nicht und meinten, es müßte eine fremde Königstochter sein, so schön sah es in dem goldenen Kleide aus. An Aschenputtel dachten sie gar nicht und dachten, es säße daheim im Schmutz und suchte die Linsen aus der Asche. Der Königssohn kam ihm entgegen, nahm es bei der Hand und tanzte mit ihm. Er wollte auch mit sonst niemand tanzen, also daß er ihm die Hand nicht losließ, und wenn ein anderer kam, es aufzufordern, sprach er: »Das ist meine Tänzerin.«

Es tanzte, bis es Abend war, da wollte es nach Haus gehen. Der Königssohn aber sprach: »Ich gehe mit und begleite dich«, denn er wollte sehen, wem das schöne Mädchen angehörte. Sie entwischte ihm aber und sprang in das Taubenhaus. Nun wartete der Königssohn, bis der Vater kam, und sagte ihm, das fremde Mädchen wär' in das Taubenhaus gesprungen. Der Alte dachte: »Sollte es Aschenputtel sein«, und sie mußten ihm Axt und Hacken bringen, damit er das Taubenhaus entzweischlagen konnte; aber es war niemand darin. Und als sie ins Haus kamen, lag Aschenputtel in seinen schmutzigen Kleidern in der Asche, und ein trübes Öllämpchen brannte im Schornstein; denn Aschenputtel war geschwind aus dem Taubenhaus hinten herabgesprungen und war zu dem Haselbäumchen gelaufen: da hatte es die schönen Kleider abgezogen und aufs Grab gelegt, und der Vogel hatte sie wieder weggenommen, und dann hatte es sich in seinem grauen Kittelchen in die Küche zur Asche gesetzt.

Am anderen Tag, als das Fest von neuem anhub und die Eltern und Stiefschwestern wieder fort waren, ging Aschenputtel zu dem Haselbaum und sprach:

»Bäumchen, rüttel dich und schüttel dich,
wirf Gold und Silber über mich.«

Da warf der Vogel ein noch viel stolzeres Kleid herab als am vorigen Tag. Und als es mit diesem Kleide auf der Hochzeit erschien, erstaunte jedermann über seine Schönheit. Der Königssohn aber hatte gewartet, bis es kam, nahm es gleich bei der Hand und tanzte nur allein mit ihm. Wenn die andern kamen und es aufforderten, sprach er: »Das ist meine Tänzerin.« Als es nun Abend war, wollte es fort, und der Königssohn ging ihm nach und wollte sehen, in welches Haus es ging: aber es sprang ihm fort und in den Garten hinter dem Haus. Darin stand ein schöner großer Baum, an dem die herrlichsten Birnen hingen, es kletterte so behend wie ein Eichhörnchen zwischen die Äste, und der Königssohn wußte nicht, wo es hingekommen war. Er wartete aber, bis der Vater kam, und sprach zu ihm: »Das fremde Mädchen ist mir entwischt, und ich glaube, es ist auf den Birnbaum gesprungen.« Der Vater dachte: »Sollte es Aschenputtel sein«, ließ sich die Axt holen und hieb den Baum um, aber es war niemand darauf. Und als sie in die Küche kamen, lag Aschenputtel da in der Asche, wie sonst auch, denn es war auf der andern Seite vom Baum herabgesprungen, hatte dem Vogel auf dem Haselbäumchen die schönen Kleider wieder gebracht und sein graues Kittelchen angezogen.

Am dritten Tag, als die Eltern und Schwestern fort waren, ging Aschenputtel wieder zu seiner Mutter Grab und sprach zu dem Bäumchen:

»Bäumchen, rüttel dich und schüttel dich,
wirf Gold und Silber über mich.«

Nun warf ihm der Vogel ein Kleid herab, das war so prächtig und glänzend, wie es noch keins gehabt hatte, und die Pantoffeln waren ganz golden. Als es in dem Kleid zu der Hochzeit kam, wußten sie alle nicht, was sie vor Verwunderung sagen sollten. Der Königssohn tanzte ganz allein mit ihm, und wenn es einer aufforderte, sprach er: »Das ist meine Tänzerin.«

Als es nun Abend war, wollte Aschenputtel fort, und der Königssohn wollte es begleiten, aber es entsprang ihm so geschwind, daß er nicht folgen konnte. Der Königssohn hatte aber eine List gebraucht und hatte die ganze Treppe mit Pech bestreichen lassen: da war, als es hinabsprang, der linke Pantoffel des Mädchens hängengeblieben. Der Königssohn hob ihn auf, und er war klein und zierlich und ganz golden. Am nächsten Morgen ging er damit zu dem Mann und sagte zu ihm: »Keine andere soll meine Gemahlin werden als die, an deren Fuß dieser goldene Schuh paßt.« Da freuten sich die beiden Schwestern, denn sie hatten schöne Füße. Die älteste ging mit dem Schuh in die Kammer und wollte ihn anprobieren, und die Mutter stand dabei. Aber sie konnte mit der großen Zehe nicht hineinkommen, und der Schuh war ihr zu klein, da reichte ihr die Mutter ein Messer und sprach: »Hau die Zehe ab: wann du Königin bist, so brauchst du nicht mehr zu Fuß zu gehen.« Das Mädchen hieb die Zehe ab, zwängte den Fuß in den Schuh, verbiß den Schmerz und ging heraus zum Königssohn. Da nahm er sie als seine Braut aufs Pferd und ritt mit ihr fort. Sie mußten aber an dem Grabe vorbei, da saßen zwei Täubchen auf dem Haselbäumchen und riefen:

»Rucke di guck, rucke di guck,
Blut ist im Schuck (Schuh):
der Schuck ist zu klein,
die rechte Braut sitzt noch daheim.«

Da blickte er auf ihren Fuß und sah, wie das Blut herausquoll. Er wendete sein Pferd um, brachte die falsche Braut wieder nach Haus und sagte, das wäre nicht die rechte, die andere Schwester sollte den Schuh anziehen. Da ging diese in die Kammer und kam mit den Zehen glücklich in den Schuh, aber die Ferse war zu groß. Da reichte ihr die Mutter ein Messer und sprach: »Hau ein Stück von der Ferse ab: wann du Königin bist, brauchst du nicht mehr zu Fuß zu gehen.« Das Mädchen hieb ein Stück von der Ferse ab, zwängte den Fuß in den Schuh, verbiß den Schmerz und ging heraus zum Königssohn. Da nahm er sie als seine Braut aufs Pferd und ritt mit ihr fort. Als sie an dem Haselbäumchen vorbeikamen, saßen zwei Täubchen darauf und riefen:

>»Rucke di guck, rucke di guck,
>Blut ist im Schuck:
>der Schuck ist zu klein,
>die rechte Braut sitzt noch daheim.«

Er blickte nieder auf ihren Fuß und sah, wie das Blut aus dem Schuh quoll und an den weißen Strümpfen ganz rot heraufgestiegen war. Da wendete er sein Pferd und brachte die falsche Braut wieder nach Haus. »Das ist auch nicht die rechte«, sprach er, »habt Ihr keine andere Tochter?« – »Nein«, sagte der Mann, »nur von meiner verstorbenen Frau ist noch ein kleines verbuttetes Aschenputtel da: das kann unmöglich die Braut sein.« Der Königssohn sprach, er sollte es heraufschicken, die Mutter aber antwortete: »Ach nein, das ist viel zu schmutzig, das darf sich nicht sehen lassen.« Er wollte es aber durchaus haben, und Aschenputtel mußte gerufen werden. Da wusch es sich erst Hände und Angesicht rein, ging dann hin und neigte sich vor dem Königssohn, der ihm den goldenen Schuh reichte. Dann setzte es sich auf einen Schemel, zog den Fuß aus dem schweren Holzschuh und steckte ihn in den Pantoffel, der war wie angegossen. Und als es sich in die Höhe richtete und der König ihm ins Gesicht sah, so erkannte er das schöne Mädchen, das mit ihm getanzt hatte, und rief: »Das ist die rechte Braut!« Die Stiefmutter und die beiden Schwestern erschraken und wurden bleich vor Ärger: er aber nahm Aschenputtel aufs Pferd und ritt mit ihm fort. Als sie an dem Haselbäumchen vorbeikamen, riefen die zwei weißen Täubchen:

>»Rucke di guck, rucke di guck,
>kein Blut im Schuck:
>der Schuck ist nicht zu klein,
>die rechte Braut, die führt er heim.«

Und als sie das gerufen hatten, kamen sie beide herabgeflogen und setzten sich dem Aschenputtel auf die Schultern, eine rechts, die andere links, und blieben da sitzen.

Als die Hochzeit mit dem Königssohn sollte gehalten werden, kamen die falschen Schwestern, wollten sich einschmeicheln und teil an seinem Glück nehmen. Als die Brautleute nun zur Kirche gingen, war die Älteste zur rechten, die Jüngste zur linken Seite: da pickten die Tauben einer jeden das eine Auge aus. Hernach, als sie herausgingen, war die Älteste zur linken und die Jüngste zur rechten: da pickten die Tauben einer jeden das andere Auge aus. Und waren sie also für ihre Bosheit und Falschheit mit Blindheit auf ihr Lebtag gestraft.

DER FALL ASCHENPUTTEL[304]

»... ein scharfer Beobachter erkennt
am Zustand der Schuhe immer,
mit wem er es zu tun hat.«[305]

A. DIE BEZEICHNUNG ASCHENPUTTELS ALS »ASCHENPUTTEL« UND »DUMME GANS«

Strafbarkeit der Stiefmutter und der Stiefschwestern

Beleidigung, § 185 StGB

Aschenputtel ist eines der ältesten Märchen überhaupt, denn erste Überlieferungen stammen aus China und liegen 2000 Jahre zurück.[306] In diesem beliebtesten und bekanntesten aller Märchen wird Aschenputtel als armes Stiefkind gleich am Anfang von Stiefmutter und Stiefschwestern beleidigt:

»Soll die dumme Gans bei uns in der Stube sitzen.«[307] Obendrein »taten ihm die Schwestern alles ersinnliche Herzeleid an« und »verspotteten es«. Unrühmlicher Höhepunkt der Verachtung war schließlich eine Namensgebung »Aschenputtel«, die ehrverletzend war. Zwar gehörten in alten Zeiten die Hüterinnen des Herdes zu den Ranghöchsten.[308] Im alten Rom be-

---

304 M.R. Cox hat eine umfassende Untersuchung von über dreihunderfünfundvierzig Aschenputtel/Cinderella-Geschichten durchgeführt; Cox, M.R.: Three Hundred and Forty-five Variants, David Nutt, London 1893. Trotz dieser Anzahl fehlt bislang jede juristische Untersuchung.
305 Zitat: Honoré de Balzac: Gesetzbuch für anständige Menschen, Leipzig 1974, S. 42.
306 Hierin könnte auch das Motiv des verstümmelten Fußes begründet sein. – Vgl. dazu Bettelheim, a.a.O., S. 296 – Vgl. zu Aschenputtel den Aufsatz einer der größten Aschenputtelforscher: Basinger, Hermann: Aschenputtel - Zum Problem der Märchensymbolik, in: Zeitschrift für Volkskunde 52, 1955, S. 144 - 155.
307 Zur Beleidigung durch Tierbezeichnungen vgl. Fn. 280.
308 Vgl. die Nachweise von Bettelheim, a.a.O., S. 296.

neidete man diese sogenannten vestalischen Jungfrauen. Dort wurde »ein Mädchen zu dieser Ehre auserwählt, wenn es zwischen sechs und zehn Jahren alt war – ungefähr so alt, wie wir uns Aschenputtel in seinen Dienstjahren vorstellen«.[309] Spätestens aber mit der Abschaffung des Heidentums wurde das Hüten des Herdes schließlich zu einer niedrigen Tätigkeit entwertet. Das Wort brandmarkt seitdem die Namensträgerin als eine niedrige, schmutzige Küchenmagd, die sich um die Asche an der Feuerstelle zu kümmern hat.[310]

E r g e b n i s : Stiefmutter und Stiefschwestern haben Aschenputtel fortgesetzt durch die Bezeichnung als »dumme Gans« und »Aschenputtel« beleidigt, § 185 StGB.

B. DIE ZWANGSARBEIT ASCHENPUTTELS IM HAUSHALT

Strafbarkeit der Stiefmutter, der Stiefschwestern und des Vaters

1. Nötigung, § 240 StGB

Aschenputtel wurde durch ihre unselige Verwandschaft angehalten, im Haushalt schmutzige Schwerstarbeit zu verrichten und unzählige Linsen aus der Asche auszulesen. Eine Straftat der Stiefmutter und der Stiefschwestern wegen Nötigung Aschenputtels ist naheliegend. Allerdings bedarf es in dem Zusammenhang einer Auseinandersetzung mit § 1619 BGB. In dieser Vorschrift heißt es unmißverständlich:

»Das Kind ist, solange es dem elterlichen Hausstand angehört und von den Eltern erzogen oder unterhalten wird, verpflichtet, in einer seinen Kräften und seiner Lebensstellung entsprechenden Weise den Eltern in ihrem Hauswesen und Geschäfte Dienst zu leisten.«

---

309 Bettelheim, a.a.O., S. 296.
310 Siehe in dem Zusammenhang die interessanten Ausführungen von Bettelheim, a.a.O., S. 275 - 276: »In seinen ›Tischgesprächen‹ spricht Martin Luther von Kain als dem gottverlassenen Übeltäter, der Macht besitzt, während der fromme Abel gezwungen ist, sein Aschenbrödel – also ein reines Nichts – zu sein.« – Zum Ursprung und Bedeutung des Wortes »Aschenbrödel« vgl. Roth, Anna B.: The Cinderella Cycle, Gleerup, Lund 1951.

Als Beispiel für solche gesetzlichen Pflichten von Kindern kann auf einen recht einprägsamen Fall verwiesen werden, der dem »Rechtsratgeber für geplagte Kinder und Eltern« entnommen wurde.[311]

Ein Vater hatte seinen 14jährigen Sohn um das Schneiden der Rasenkanten gebeten. Dem juristisch ungeschulten Sohn war § 1619 BGB offenbar völlig fremd. Er verweigerte rechtswidrig das Rasenkantenschneiden. Er sei in der Schule im Religionsunterricht, der von einer ultrageilen Referendarin abgezogen werde, zu der Erkenntnis gelangt, daß ihm die protestantische Arbeitsethik fremd sei, da er mit innerweltlicher Askese keine Heilserwartungen verknüpfe. Infolgedessen bringe ihn das Rasenkantenschneiden irgendwo nicht weiter, und unbeschnittene Rasenkanten finde er eh schöner.[312]

Der Jugendliche mußte sich dem Wunsch seines Vaters im Hinblick auf § 1619 BGB beugen.[313]

Von Aschenputtel hingegen konnte die Ausführung der ihr »angesonnenen« Hausarbeiten von Rechts wegen nicht verlangt werden. Nach Auffassung des Bundesgerichtshofes ist zwar »ein Kind in einfachen Verhältnissen lebender Eltern ab Vollendung des 14. Lebensjahres verpflichtet, im Hauswesen 7 Wochenstunden mitzuhelfen«.[314] Bei Aschenputtel handelte es sich aber »nur« um ein Stiefkind, während § 1619 BGB ausschließlich im Verhältnis von leiblichen Verwandten gilt.[315]

Außerdem begründete die Vorschrift in keinem Fall eine Verpflichtung Aschenputtels zur Durchführung schikanöser Arbeitsaufträge; sie wurde rechtswidrig zum Putzen, Hüten des Herdes und Linsenaufsammeln gezwungen.

E r g e b n i s : Die Stiefmutter und die Stiefschwestern haben Aschenput-

---

311 Duderstadt, Jochen: Der endgültige Rechtsratgeber für geplagte Kinder und Eltern, Frankfurt 1988, S. 27 f.

312 Siehe zum Problem ausführlich Fenn, Herbert: Die Mitarbeit in den Diensten Familienangehöriger, 1970. – Grundlegend auch Günther, Georg: Die Rechtsverhältnisse zwischen Bauer und mitarbeitendem Sohn, Band 3 der Schriftenreihe des Instituts für Landwirtschaftsrecht, Göttingen 1966.

313 Siehe Duderstadt, a.a.O., S. 28.

314 BGH FamRZ 1973, S. 536.

315 Nürnberg, FamRZ 1960, S. 119. – Vgl. dazu Gernhuber, Joachim: Anmerkungen zu OLG Nürnberg FamRZ, 1960, S. 119: »Was schockierend klingen mag, ist dennoch Wahrheit: das Stiefkind ist keine Kategorie des Familienrechts.« – Siehe auch Boehmer, G.: Die Rechtsstellung des Stiefkindes nach heutigem und künftigem Recht, o.O. 1941. – Grundlegend zur zivilrechtlichen Stiefkindproblematik bei § 1619 BGB: RAG JW 1937, 3188.

tel fortgesetzt zu unzumutbarer Hausarbeit genötigt, § 240 StGB.[316] Eine aktive Nötigungshandlung des Vaters war hingegen nicht hinreichend sicher festzustellen; die Annahme zumindest einer psychischen Beihilfe zur Nötigung erscheint aber gerechtfertigt.

2. Mißhandlung von Schutzbefohlenen, § 223 b StGB

Die boshafte Stiefmutter hat Aschenputtel fortdauernd durch hemmungslose Ausbeutung ihrer Arbeitskraft, Beleidigungen und sadistische Verbote gequält. Diese körperlichen und seelischen Mißhandlungen erfüllten zweifellos den Tatbestand der »Mißhandlung von Schutzbefohlenen«.[317] Da der Vater Aschenputtels pflichtwidrig dem kriminellen Treiben seiner Ehefrau untätig zusah und nicht für sie sorgte, machte er sich insoweit ebenfalls strafbar.

E r g e b n i s : Stiefmutter und Vater haben ein Vergehen gemäß § 223 b StGB begangen.

3. Verletzung der Fürsorge- und Erziehungspflicht, § 170 d StGB

Die Stiefmutter und der Vater Aschenputtels haben ihre Pflichten als Erziehungsberechtigte in grobem Maße vernachlässigt, indem sie bei Unterlassung jeglicher Pflege und Fürsorge hemmungslos deren Arbeitskraft ausnutzten.[318] Aschenputtel geriet so in Gefahr, in ihrer körperlichen und seelischen Entwicklung nachhaltig erheblich geschädigt zu werden. Der in ihr (Arbeits-)Leben gewährte Einblick ist schlichtweg erschütternd:

Aschenputtel mußte

»von Morgen bis Abend schwere Arbeit tun, früh vor Tag aufstehen, Wasser tragen, Feuer anmachen, kochen und waschen«.

Nachts kam sie in kein Bett,

»sondern neben den Herd in die Asche«.

Angesichts solcher Lebensumstände erübrigen sich weitere Ausführungen. Selten haben Täter eindeutiger ihre elterlichen Pflichten verletzt.

---

316 Verstöße gegen das Jugendarbeitsschutzgesetz scheiden aus, denn dieses Gesetz gilt nach § 1 Abs. 2 Ziff. 2 JugendArbSchG »nicht für die Beschäftigung durch die Personensorgeberechtigten im Familienhaushalt«.

317 Vgl. nur RG DR 1945, 22 und BayObLGSt. 1960, 286. – Zum Problem, ob Aschenputtel für die Stiefmutter überhaupt Schutzbefohlene war, vgl. Sch-Sch., § 223 b StGB, Rn. 7: »Zwischen Stiefeltern und Stiefkindern kann ein Verhältnis der Fürsorge und Obhut bestehen; allein die Eigenschaft als Stiefmutter oder Stiefvater begründet jedoch keine derartige Beziehung.«

318 Der Verschuldensgrad des Vaters war allerdings geringer.

Ergebnis: Die Eltern Aschenputtels haben sich auch wegen Verletzung der Fürsorge- und Erziehungspflicht zu verantworten, § 170 d StGB.

C. DAS WEGNEHMEN DER SCHÖNEN KLEIDER

Strafbarkeit der Stiefschwestern

Diebstahl, § 242 StGB

Die Stiefschwestern »nahmen Aschenputtel seine schönen Kleider weg«. Präziser könnte ein Diebstahl auch in einem Strafurteil nicht beschrieben werden. Ähnlich ›schöne‹ Beispiele des Diebstahls finden sich übrigens in einem Märchen der Gebrüder Grimm mit dem vielversprechenden und inhaltlich alles einlösenden Titel »Der Meisterdieb«. Hier wie dort zeigt sich eindrucksvoll die juristische Ausbildung der Brüder Grimm.

    Ergebnis: Die Stiefschwestern haben sich des Kleiderdiebstahls strafbar gemacht, § 242 StGB.[319]

D. DAS ENTZWEISCHLAGEN DES TAUBENHAUSES

Strafbarkeit des Vaters

1. Sachbeschädigung, § 303 StGB

Der Vater Aschenputtels zerschlug mit einer Axt ein Taubenhaus, in dem sich Aschenputtel nach der »Flucht« von dem königlichen Ball versteckt hatte. Aufgrund der örtlichen Verhältnisse kann aber angenommen werden, daß er sein eigenes Taubenhaus zerstörte, was nicht strafbar ist.

    Für das Eigentum des Vaters spricht der Umstand, daß Aschenputtel beim Auflesen der Linsen Hilfe von Tauben zuteil geworden war, die der unmittelbaren Umgebung entstammten, also wahrscheinlich dem väterli-

---

319 Da die Stiefschwestern offenbar heiratsfähig waren, dürfte ihre Strafmündigkeit keinem ernsthaften Zweifel unterliegen.

chen Taubenhaus. Die Grimm-Forschung spricht hier von der sogenannten »Taubenhaustheorie«.[320] So ist z.B. bei *Bruno Bettelheim* ausdrücklich
die Rede davon, daß es sich um die »Wohnung der hilfreichen Vögel handelte, welche die Linsen für Aschenputtel aus der Asche gelesen haben«.[321]
Der Verfasser schließt sich dieser Meinung Bettelheims ausdrücklich an.

E r g e b n i s : Der Vater hat sich mit dem Zerschlagen des eigenen Taubenhauses nicht der Sachbeschädigung strafbar gemacht.

2. Baugefährdung, § 323 StGB

Nach § 323 StGB wird wegen Baugefährdung bestraft, wer
»bei der Ausführung des Abbruchs eines Bauwerks gegen die allgemeinen Regeln der Technik verstößt und dadurch Leib oder Leben eines anderen gefährdet«.

Der Vater Aschenputtels hat blindwütig das Taubenhaus entzweige-
schlagen, was bautechnisch kein regelgerechter Abbruch war.[322] Hierbei
hat er mit bedingtem Vorsatz Leib und Leben seiner zunächst im Haus
befindlichen Tochter in Gefahr gebracht.

E r g e b n i s : Der Vater hat mit dem unfachgemäßen, blindwütigen
Abbruch des Taubenhauses eine Baugefährdung begangen, § 323 StGB.[323]

E. DAS UMHACKEN DES BIRNBAUMES

Sachbeschädigung, § 303 StGB

Eine Sachbeschädigung scheidet aus den gleichen Gründen wie beim Taubenhaus aus.

E r g e b n i s : Durch das Umhacken des eigenen Birnbaumes hat der Vater
Aschenputtels keine Straftat begangen.

---

320 Siehe Manger, Jürgen v.: Die Taube und ihr Taubenhaus im Spiegel des Märchens von
Aschenputtel, in: Schriftenreihe des deutschen Taubenzüchterverbandes, Band 43,
Castrop-Rauxel 1960, S. 387 Fn. 47.

321 Bettelheim, Bruno, a.a.O., S. 308.

322 Vgl. dazu eine vom Verfasser eingeholte Stellungnahme des Verbandes Deutscher
Abbruchunternehmer, abgedruckt in: Zeitschrift für Abbruch und Wiederaufbau, 1989,
S. 1097 ff.

323 Die Frage der Schuldfähigkeit dürfte sich nicht stellen, da Wut − auch blinde − anerkanntermaßen noch nicht einmal zu einer verminderten Schuldfähigkeit nach § 21 StGB
führt. − Vgl. zu dem Problem: Hafter: Normale Menschen? Zurechnungsfähigkeit und
Zurechnungsunfähigkeit, SchwZStr. 66, 1; Lackner, a.a.O., § 21 StGB, Anm. 3 a.

F. DER TANZ DES PRINZEN MIT ASCHENPUTTEL

Strafbarkeit des Prinzen

Freiheitsberaubung und Nötigung, §§ 239, 240 StGB

Der Prinz legte ein Tanzverhalten an den Tag, das juristisch bedenklich sein könnte.[324] Er wollte mit niemandem als Aschenputtel tanzen, »also daß er ihm die Hand nicht losließ«.

Wurde Aschenputtel möglicherweise festgehalten und zum Tanzen genötigt?

Bei dieser Sichtweise wäre ihre mehrmalige Flucht aus dem Schloß erklärlich. Sie läßt sich aber nicht mit dem weiteren Handlungsverlauf vereinbaren. Aschenputtel war mit dem Tanzgebaren ihres Tanzpartners offenbar doch einverstanden, da sie »tanzte, bis es Abend war, da wollte es nach Hause gehen«. Wäre sie zu allem gezwungen worden, hätte sie sicher schon früher versucht, sich vor dem Prinzen in ›Sicherheit‹ zu bringen.

E r g e b n i s : Der Prinz hat sich wegen Tanzens mit Aschenputtel nicht strafbar gemacht.

G. DAS BESTREICHEN DER TREPPE MIT PECH

Strafbarkeit des Prinzen

1. Sachbeschädigung, § 303 StGB[325]

Der linke, goldene Pantoffel Aschenputtels[326] blieb auf der Treppe hängen, die nach Anweisung des Königssohnes mit Pech bestrichen worden war. Bei Pech handelt es sich um eine zähflüssige bis feste Masse. Sie kann

---

324 Grundlegend zum Tanzverhalten: Balzac, Honoré de: Der Ehevertrag, Novellen, Berlin und Weimar 1972, S. 434: »Für viele Männer ist das Tanzen eine Bestätigung ihres Seins; durch die Entfaltung ihrer körperlichen Vorzüge glauben sie stärker auf die Herzen der Frauen einzuwirken als durch den Geist.«

325 § 303 StGB, Sachbeschädigung: Wer rechtswidrig eine fremde Sache beschädigt oder zerstört, wird mit Freiheitsstrafe bis zu zwei Jahren oder mit Geldstrafe bestraft.

326 Zur Geschichte der Fußbekleidungen, einschließlich Sandalen und Pantoffeln vgl. Wilcox, R.T.: The Mode of Footwear, New York 1948. – Siehe auch die interessanten

von einem entsprechend verunreinigten Pantoffel regelmäßig nur unter Inkaufnahme einer Substanzverletzung entfernt werden.[327] Ähnlich wie beim Begießen eines Sportwagens mit einer zähklebrigen Masse aus Rübenkraut[328] – in dem Zusammenhang ein Schulfall – lag deshalb eine Sachbeschädigung vor.[329]

Ergebnis: Der Prinz hat sich zu Lasten eines goldenen Schuhs von Aschenputtel nach § 303 StGB strafbar gemacht.[330]

H. DAS ABHAUEN DER ZEHE UND DER FERSE

Strafbarkeit der Stiefmutter

Beabsichtigte schwere Körperverletzung, §§ 223, 224, 225 StGB[331]

Die Stiefmutter Aschenputtels könnte an ihren eigenen Töchtern in mittelbarer Täterschaft eine beabsichtigte schwere Körperverletzung begangen haben. Zwar hat sie nicht unmittelbar selbst die entsprechenden Verstümmelungen vorgenommen, sondern jeweils nur das Messer ihren Töchtern gereicht. Es kommt aber eine sog. mittelbare Täterschaft kraft Willensherrschaft in Frage. Immerhin hatte die autoritäre Mutter ihren Töchtern

---

geschichtlichen Hinweise von Bettelheim, a.a.O., S. 275: »Der römische Kaiser Diokletian setzte in einem Dekret aus dem Jahr 301 n. Chr. Höchstpreise für verschiedene Arten von Fußwerk, einschließlich Pantoffeln fest, die aus feinem babylonischen Leder hergestellt wurden, sowie für vergoldete Frauenpantoffel . . . «

327 Vgl. in dem Zusammenhang Lackner, a.a.O., § 303 StGB, Rn. 3 a) aa): »Im allgemeinen ausreichend, aber nicht unbedingt erforderlich ist, daß die Sache in ihrer Substanz verletzt oder, z.B. durch Lack- oder Farbanstrich, so in Mitleidenschaft gezogen wird, daß die Reinigung zwangsläufig zu einer Substanzverletzung führen muß.« – Siehe dazu auch OLG Celle NStZ 1981, S. 223 und OLG Düsseldorf NJW 1982, S. 1167; vgl. ferner OLG Oldenburg NJW 1982, S. 1167.

328 Fall nach Wessels, Johannes: Strafrecht. Besonderer Teil 2, 3. Aufl., Karlsruhe 1979, S. 3.

329 Zum Beschmieren von Gegenständen mit Tinte vgl. meine ausführliche Darstellung im Fall Struwwelpeter, a.a.O.: Die Geschichte vom schwarzen Buben, S. 49 - 63.

330 Die Annahme einer versuchten Nötigung Aschenputtels zum Bleiben im Schloß erscheint abwegig.

331 § 224 StGB, Schwere Körperverletzung: Hat die Körperverletzung zur Folge, daß der Verletzte ein wichtiges Glied des Körpers, das Sehvermögen auf einem oder beiden Augen, das Gehör, die Sprache oder die Zeugungsfähigkeit verliert oder in erheblicher Weise dauernd entstellt wird oder in Siechtum, Lähmung oder Geisteskrankheit verfällt, so ist auf Freiheitsstrafe von einem Jahr bis zu fünf Jahren zu erkennen.

nachhaltig nahegelegt, sie sollten sich den Zeh bzw. die Ferse abhacken, da man als Königin »nicht mehr zu Fuß gehen brauche«. Die Töchter konnten sich der »Empfehlung« (Befehl?) ihrer Erziehungsberechtigten nicht widersetzen. So wird denn auch in vielen Analysen des Märchens davon ausgegangen, daß sich die Mutter »als der eigentliche Motor des Bösen erweist, während die Töchter zu gehorsamen Befehlsempfängerinnen degradiert werden. Dieser Gehorsam ist bedingungslos, die Abhängigkeit von der Mutter absolut: Die Mädchen lassen alles mit sich machen und ertragen selbst größte Schmerzen auf Geheiß der Mutter widerspruchslos«.[332]

Bei dieser Betrachtungsweise, die Zustimmung verdient[333], ist die Stiefmutter wegen Körperverletzung zur Verantwortung zu ziehen[334], obwohl sie nicht selbst Hand an die Füße ihrer Töchter legte.[335]

Es liegt sogar eine beabsichtigte schwere Körperverletzung vor (Mindeststrafe 2 Jahre). Zeh und Ferse sind nach § 224 StGB rechtlich ein sog. »wichtiges Glied des Körpers«, was sich auf dem Hintergrund der Rechtsprechung zum Abschneiden von Daumen[336] und Zeigefingern[337] unschwer nachweisen läßt. Schließlich wurden die Stiefschwestern Aschenputtels mit den Verstümmelungen auch noch im Sinne der Vorschrift »dauernd entstellt«. Hierfür reicht es nach ständiger Rechtsprechung aus, »daß der betroffene Körperteil nur zeitweilig, z.B. beim Baden sichtbar wird oder daß die Entstellung nur beim Gehen in Erscheinung tritt«.[338] Beides kann unschwer bei den Stiefschwestern nachgewiesen werden.

E r g e b n i s : Die Mutter hat sich wegen des Abhackens von Zeh und

---

332 Schäfer, M.: a.a.O., S. 105.
333 Allerdings ebenso vertretbar ist die Meinung, die bei den Stiefschwestern trotz des Einflusses der Mutter letztendlich eine eigene Entscheidung zur Fußverstümmlung annimmt. (so offenbar Bettelheim, a.a.O., S. 312 f.) – Am Ergebnis würde dies allerdings wenig ändern, da die Mutter zumindestens wegen des entsprechenden Unterlassungsdeliktes zu bestrafen wäre.
334 Vgl. auch MDR 1981, S. 631 und RGSt 26, S. 242.
335 Völlig zweifelsfrei ist das Ergebnis allerdings nur bei der bereits im Jahr 1540 erwähnten schottischen Aschenputtelversion »Rashin Coatie«, wo die Operation von der Mutter vorgenommen wird.
336 Siehe RGSt. 64, 201.
337 Siehe BGH b. Dallinger MDR 1953, S. 597.
338 Zitiert aus Sch-Sch., § 224 StGB, Rn. 4. – Vgl. auch BGHSt. 17, 163 – RGSt. 39, 419: Verkürzung des Oberschenkels um 3 1/2 Zentimeter; vgl. ferner RGSt. 62, 161: Abtrennen des Goldfingers der rechten Hand.

128

Ferse ihrer Stieftöchter als mittelbare Täterin der beabsichtigten schweren Körperverletzung[339] strafbar gemacht, §§ 223, 224, 225 StGB.[340]

I. DIE EHEVERSUCHE DER STIEFSCHWESTERN

Strafbarkeit der Stiefschwestern

Versuchter Betrug, §§ 22, 263 StGB[341]

Die Stiefschwestern wollten den Prinzen mittels einer Täuschung über ihre Füße zur Eheschließung bewegen[342], obwohl Aschenputtel die richtige Braut war. Die Täuschung war zunächst jeweils erfolgreich, denn der Prinz nahm beide Stiefschwestern nacheinander irrigerweise »als seine Braut aufs Pferd und ritt mit ihr fort«.

Das Verleiten zur Eheschließung »kann nach der Rechtsprechung des Reichsgerichts durchaus einen Betrug darstellen, wenn eine Ehe eingegangen wird, um das Vermögen des anderen Teils entgegen Gesetz oder Vertrag für eigennützige Zwecke zu verwenden.[343] Nach der heutigen güterrechtlichen Lage ist aber ein derartiger Betrug nur in der Weise denkbar, daß der andere Teil zum Abschluß eines Ehevertrages bestimmt wird, der dem Täter unberechtigte Vorteile gewährt. Allein in der Begründung von

---

339 Da die Tat mit einem Messer begangen wurde, lag auch eine gefährliche Körperverletzung vor, die aber durch §§ 224, 226 StGB verdrängt wird. Vgl. BGHSt. 21, 194.

340 Der Prinz war an der greulichen Entwicklung nicht unschuldig − er ist nach der Studie von Wulfen »ein larvierter Fuß- und Schuhfetischist, den der kleine Pantoffel und der hineinpassende kleine Fuß entzücken. Schon im Altertum war derselbe Fetischismus in der Sage von der ägyptischen Buhlerin Rhodopis bekannt, der späteren Gattin des Königs Psammetich. Daß der Schuh als besonders enger und kleiner einen höheren Reizwert hat, beruht auf sadistischen Regungen, auf der mit Lust betonten Vorstellung, daß enge Schuhe Schmerzen verursachen«. (Wulfen, a.a.O., S. 352)

341 § 263 StGB, Betrug: Wer in der Absicht, sich oder einem Dritten einen rechtswidrigen Vermögensvorteil zu verschaffen, das Vermögen eines anderen dadurch beschädigt, daß er durch Vorspiegelung falscher oder durch Entstellung oder Unterdrückung wahrer Tatsachen einen Irrtum erregt oder unterhält, wird mit Freiheitsstrafe bis zu fünf Jahren oder mit Geldstrafe bestraft.

342 Das berühmte Marlene-Dietrich-Lied »Ich bin von Kopf bis Fuß auf Liebe eingestellt« aus dem Film »Der blaue Engel« (1929) hat im Zusammenhang mit dem Märchen eine geradezu makabre Bedeutung.

343 Siehe RGSt. 8, 12. − RGSt. 14, 137.

Unterhaltspflichten kann ein Schaden im Sinne des § 263 StGB nicht gesehen werden, weil dieses gesetzliche Folge der Eheschließung ist«.[344]

Erkenntnisse über den genauen »Tatplan« der Stiefschwestern und ihrer Mutter gibt es nicht. Angesichts der dürftigen Ermittlungsergebnisse kann ihnen nicht nachgewiesen werden, daß sie im dargestellten Sinne unberechtigte Vorteile aus der Ehe mit dem Königssohn haben wollten. Unter dem Gesichtspunkt des Versuchs der Eheschließung haben sie sich nicht strafbar gemacht. Die Täuschung über die eigene Identität wäre vielmehr nach anderen Vorschriften zu behandeln. Der König hätte z.B. im »Erfolgsfall« die Ehe mit den Stiefschwestern nach § 31 des Ehegesetzes[345] anfechten können:

»Ein Ehegatte kann Aufhebung der Ehe begehren, wenn der Ehegatte sich in der Person des anderen Ehegatten geirrt hat.«

Ergebnis: Die Stiefschwestern haben sich durch die versuchte Eheschließung mit dem Königssohn keines versuchten Betruges strafbar gemacht.

J. DER RITT AUF DEM KÖNIGLICHEN PFERD

Strafbarkeit der Stiefschwestern

Betrug/Beförderungserschleichung, §§ 263, 265 a StGB

Durch ihre Täuschung sind die Stiefschwestern unberechtigterweise in den Genuß eines kostenfreien Ritts auf dem königlichen Pferd gekommen. Für einen Betrug fehlte es aber am erforderlichen Vermögensschaden des königlichen Reiters. Eine Beförderungserschleichung scheidet ebenfalls aus. In Fällen, in denen – wie hier – mit dem Königssohn eine individuelle Person getäuscht wurde, ist die Vorschrift des § 265 a StGB anerkanntermaßen nicht anzuwenden.[346]

Ergebnis: Wegen des Pferderitts haben sich Aschenputtels Stiefschwestern nicht strafbar gemacht.

---

344 Sch-Sch., a.a.O., § 263 StGB, Rn. 160.
345 Aber z.B. auch nach § 33 EheG: Arglistige Täuschung.
346 Vgl. dazu näher Sch-Sch., a.a.O., § 265 a StGB, Rn. 1.; Alwart, Heiner: Über die Hypertrophie eines Unikums, § 265 a StGB, JZ 1986, S. 563.

K. BLUT IM SCHUH

Strafbarkeit der Stiefmutter und der Stiefschwestern

Sachbeschädigung, § 303 StGB

Das Blut quoll zweimal aus Aschenputtels goldenem Schuh heraus, wodurch er − außer durch das Pech − zusätzlich verschmutzt wurde.[347]

E r g e b n i s : Die Täterinnen haben eine Sachbeschädigung von Aschenputtels goldenem Schuh begangen.

L. DAS HERAUSPICKEN DER AUGEN DURCH DIE TAUBEN

Vorbemerkung:

Die schauerliche Schlußszene gibt Veranlassung zu dem kurzen Hinweis, daß sie nicht von Anfang an Bestandteil des Märchens war. Noch in der 1. Auflage der Grimmschen Märchen − 1812 − schließt »Aschenputtel« mit dem Lied der Tauben ab (»Rucke di gu, rucke di gu, kein Blut im Schuh. Der Schuh ist nicht zu klein, die rechte Braut, die führt er heim«). In der 2. Auflage hingegen kam das aufsehenerregende Ende hinzu. Nach gewichtigen Stimmen in der Literatur[348]

»ist anzunehmen, daß Wilhelm Grimm nicht aus blanker Freude am Grausamen und Blutrünstigen dem Aschenputtel-Märchen in der 2. Auflage den schauerlichen Schluß anhängte − vielmehr ist der Grund dafür wohl in der Erziehungsmaxime zu suchen, die sich auch im Struwwelpeter wiederfindet und die wir heute nicht mehr gutheißen können«.

Dieser Versuch einer Rechtfertigung soll zugunsten der Gebrüder Grimm nicht verschwiegen werden.

---

347 Zur strafrechtlichen Relevanz von Verschmutzungen von Gegenständen mit Blut vgl. meine umfassenden Ausführungen im Fall Struwwelpeter, a.a.O., S. 80.
348 Psaar/Klein, a.a.O., S. 59.

Falls Aschenputtel die Tauben angewiesen hätte, für sie im Wege der Selbstjustiz[349] die boshaften Stiefschwestern auf grausame Weise mit Blindheit zu strafen, müßte auch sie strafrechtlich zur Verantwortung gezogen werden. Hierfür fehlt es aber an hinreichenden Beweisen. Weder Aschenputtel noch der Königssohn verhängten die Strafe.[350] Sie entsprang vielmehr einem tierischen Strafbedürfnis der Vögel, wie es z.B. in neuerer Zeit so treffend von *Alfred Hitchcock* in seinem Film mit dem Titel »Die Vögel« dargestellt wurde.

E r g e b n i s : Aschenputtel ist wegen des Herauspickens der Augen strafrechtlich nicht zu belangen.[351]

---

349 Zu Fragen der Selbstjustiz kann auf die filmische Umsetzung des Themas durch Charles Bronson im Film ›Death Wish‹ − ›Ein Mann sieht rot‹ − verwiesen werden. − F.-W. Krause warnt aber unter Hinweis auf den Bronson-Film völlig zu Recht vor einer Gesellschaft, die einer ›wahren Totschlagsmoral‹ huldigt: Krause, F.-W.: Festschrift für Hilde Kaufmann, o.O. 1986, S. 675.

350 So ausdrücklich die zutreffende Analyse des Sachverhalts durch Bettelheim, a.a.O., S. 319.

351 Die zivilrechtlichen Haftungsfragen − Tierhalterhaftung Aschenputtels nach § 833 BGB ? − sind derart umfangreich, daß sie ggf. in einem weiteren Forschungsprojekt zu untersuchen sind.

RUMPELSTILZCHEN

Es war einmal ein Müller, der war arm, aber er hatte eine schöne Tochter.
Nun traf es sich, daß er mit dem König zu sprechen kam, und um sich ein
Ansehen zu geben, sagte er zu ihm: »Ich habe eine Tochter, die kann Stroh
zu Gold spinnen.« Der König sprach zum Müller: »Das ist eine Kunst, die
mir wohl gefällt, wenn deine Tochter so geschickt ist, wie du sagst, so
bring sie morgen in mein Schloß, da will ich sie auf die Probe stellen.« Als
nun das Mädchen zu ihm gebracht ward, führte er es in eine Kammer, die
ganz voll Stroh lag, gab ihr Rad und Haspel und sprach: »Jetzt mache
dich an die Arbeit, und wenn du diese Nacht durch bis morgen früh dieses
Stroh nicht zu Gold versponnen hast, so mußt du sterben.« Darauf schloß
er die Kammer selbst zu, und sie blieb allein darin.

Da saß nun die arme Müllerstochter und wußte um ihr Leben keinen
Rat: sie verstand gar nichts davon, wie man Stroh zu Gold spinnen konnte,
und ihre Angst ward immer größer, daß sie endlich zu weinen anfing. Da
ging auf einmal die Türe auf und trat ein kleines Männchen herein und
sprach: »Guten Abend, Jungfer Müllerin, warum weint Sie so sehr?« —

»Ach«, antwortete das Mädchen, »ich soll Stroh zu Gold spinnen und verstehe das nicht.« Sprach das Männchen: »Was gibst du mir, wenn ich dir's spinne?« – »Mein Halsband«, sagte das Mädchen. Das Männchen nahm das Halsband, setzte sich vor das Rädchen, und schnurr, schnurr, schnurr, dreimal gezogen, war die Spule voll. Dann steckte es eine andere auf, und schnurr, schnurr, schnurr, dreimal gezogen, war auch die zweite voll; und so ging's fort bis zum Morgen, da war alles Stroh versponnen, und alle Spulen waren voll Gold. Bei Sonnenaufgang kam schon der König, und als er das Gold erblickte, erstaunte er und freute sich, aber sein Herz ward nur noch goldgieriger. Er ließ die Müllerstochter in eine andere Kammer voll Stroh bringen, die noch viel größer war, und befahl ihr, das auch in einer Nacht zu spinnen, wenn ihr das Leben lieb wäre. Das Mädchen wußte sich nicht zu helfen und weinte, da ging abermals die Türe auf, und das kleine Männchen erschien und sprach: »Was gibst du mir, wenn ich dir das Stroh zu Gold spinne?« – »Meinen Ring von dem Finger«, antwortete das Mädchen. Das Männchen nahm den Ring, fing wieder an zu schnurren mit dem Rade und hatte bis zum Morgen alles Stroh zu glänzendem Gold gesponnen. Der König freute sich über die Maßen bei dem Anblick, war aber noch immer nicht Goldes satt, sondern ließ die Müllerstochter in eine noch größere Kammer voll Stroh bringen und sprach: »Die muß du noch in dieser Nacht verspinnen: gelingt dir's aber, so sollst du meine Gemahlin werden.« – »Wenn's auch eine Müllerstochter ist«, dachte er, »eine reichere Frau finde ich in der ganzen Welt nicht.« Als das Mädchen allein war, kam das Männlein zum drittenmal wieder und sprach: »Was gibst du mir, wenn ich noch diesmal das Stroh spinne?« – »Ich habe nichts mehr, das ich geben könnte«, antwortete das Mädchen. »So versprich mir, wenn du Königin wirst, dein erstes Kind.« – »Wer weiß, wie das noch geht«, dachte die Müllerstochter und wußte sich auch in der Not nicht anders zu helfen; sie versprach also dem Männchen, was es verlangte, und das Männchen spann dafür noch einmal das Stroh zu Gold. Und als am Morgen der König kam und alles fand, wie er gewünscht hatte, so hielt er Hochzeit mit ihr, und die schöne Müllerstochter ward eine Königin. Über ein Jahr brachte sie ein schönes Kind zur Welt und dachte gar nicht mehr an das Männchen: da trat es plötzlich in ihre Kammer und sprach: »Nun gib mir, was du versprochen hast.« Die Königin erschrak und bot dem Männchen alle Reichtümer des Königreichs an, wenn es ihr das Kind lassen wollte: aber das Männchen sprach: »Nein, etwas Lebendes ist mir lieber als alle Schätze der Welt.« Da fing die Königin so an zu jammern und zu weinen, daß das Männchen Mitleiden mit ihr

hatte: »Drei Tage will ich dir Zeit lassen«, sprach es, »wenn du bis dahin
meinen Namen weißt, so sollst du dein Kind behalten.« Nun besann sich
die Königin die ganze Nacht über auf alle Namen, die sie jemals gehört
hatte, und schickte einen Boten über Land, der sollte sich erkundigen weit
und breit, was es sonst noch für Namen gäbe. Als am andern Tag das
Männchen kam, fing sie an mit Kaspar, Melchior, Balzer und sagte alle
Namen, die sie wußte, nach der Reihe her, aber bei jedem sprach das
Männlein: »So heiß ich nicht.« Den zweiten Tag ließ sie in der Nachbar-
schaft herumfragen, wie die Leute da genannt würden, und sagte dem
Männlein die ungewöhnlichsten und seltsamsten Namen vor: »Heißt du
vielleicht Rippenbiest oder Hammelswade oder Schnürbein ?« Aber es
antwortete immer: »So heiß ich nicht.« Den dritten Tag kam der Bote wieder zurück und erzählte: »Neue Namen habe ich keinen einzigen finden
können, aber wie ich an einen hohen Berg um die Waldecke kam, wo
Fuchs und Has sich gute Nacht sagen, so sah ich da ein kleines Haus und
vor dem Haus brannte ein Feuer, und um das Feuer sprang ein gar zu
lächerliches Männchen, hüpfte auf einem Bein und schrie

›Heute back ich, morgen brau ich, übermorgen hol ich der Königin ihr
Kind;

ach, wie gut ist, daß niemand weiß,

daß ich Rumpelstilzchen heiß!‹«

Da könnt ihr denken, wie die Königin froh war, als sie den Namen hörte,
und als bald hernach das Männlein hereintrat und fragte: »Nun, Frau
Königin, wie heiß ich?«, fragte sie erst: »Heißest du Kunz?« – »Nein.« –
»Heißest du Heinz?« – »Nein.« – »Heißt du etwa Rumpelstilzchen?«

»Das hat dir der Teufel gesagt, das hat dir der Teufel gesagt«, schrie das
Männlein und stieß mit dem rechten Fuß vor Zorn so tief in die Erde, daß
es bis an den Leib hineinfuhr, dann packte es in seiner Wut den linken Fuß
mit beiden Händen und riß sich selbst mitten entzwei.

DER FALL RUMPELSTILZCHEN[352]

Spinnt, ihr Mädchen spinnt,
daß ihr einen Schatz gewinnt.
Die bekommt den besten Mann,
die am besten spinnen kann.[353]

A. DAS STROHSPINNEN IM KÖNIGLICHEN SCHLOSS

a) Strafbares Verhalten des Königs

1. Nötigung, § 240 StGB

Im Schloß brachte der König die Müllerstochter in eine Kammer voller Stroh, die mit einem wahren Arsenal an Spinngerätschaften bestückt war. Kaum im Raum forderte er von ihr:

»Jetzt mache dich an die Arbeit, und wenn du diese Nacht durch bis morgen früh dieses Stroh nicht zu Gold versponnen hast, so mußt du sterben.«

Das es sich bei den königlichen »Wünschen« ihrer Art nach durchaus um sehr ernst zu nehmende, reale Forderungen handelte, belegt ein Rückblick in die Strohgeschichte. Er beruht auf historischen Untersuchungen von *Lutz Röhrich*:

»Es gibt im schweizerischen Aargau ein Strohmuseum – Stiftung eines Strohhutfabrikanten – wo man eine Menge strohgefertigter Gegenstände bewundern kann, z.B. Meßgewänder aus verschiedenen Jahrhunderten, die mit Stroh gestrickt wurden, und die tatsächlich aussehen, wie wenn sie

---

352 In einem sehr interessanten Aufsatz wird die zutreffende Auffassung vertreten, Rumpelstilzchen habe wirklich gelebt. Vgl. Kahn, Otto: Rumpelstilzchen hat wirklich gelebt. Rheinisches Jahrbuch für Volkskunde 17/18, 1966/67, S. 143 - 184. Hiernach habe die kleinwüchsige Urbevölkerung durch den Kinderraub ihre biologische Erbmasse verbessern und damit ihre Überlebenschancen vergrößern wollen. – Dazu aber kritisch: Röhrich, Lutz: Vom Methodenpluralismus in der Erzählforschung, in: Schweizerisches Archiv für Volkskunde 68/69, 1972/73, S. 567 ff.: »Dieser groteske Aufsatz in einer der angesehensten Fachzeitschriften ist bald dem allgemeinen Spott anheimgefallen.«

353 Altes Volkslied. – Zum Spinnenkönnen als Heiratsbedingung vgl. die richtungsweisenden, aber durch emanzipatorische Entwicklungen überholten Ausführungen von Röhrich, Lutz: Rumpelstilzchen, in: Schödel, Siegfried (Hrsg.): Märchenanalysen, Stuttgart 1985, S. 123 f.

mit Gold gewirkt wären. Auf diese ältere Strohverarbeitungstechnik wird in unserem Märchen offenbar angespielt.«[354]

Der König wiederholte sein Verlangen nach gesponnenem »Gold« später in noch massiverer Form. Für die zweite Nachtschicht forderte er von seinem Opfer mehr Gold bei gleicher Arbeitszeit:

»Er ließ die Königstochter in eine andere Kammer voll Stroh bringen, die noch viel größer war, und befahl ihr, das auch in einer Nacht zu spinnen, wenn ihr das Leben lieb wäre.«

Der ehrwürdige *Fritz von Hippel* nahm dieses Verhalten des Königs ausdrücklich als Musterfall »juristischer Perversionserscheinungen« in eines seiner wichtigsten Werke[355] auf, weil in dem Märchen »von der Müllerstochter planmäßig derart überhöhte laufende Tagesleistungen verlangt werden, daß diese auch bei bestem Willen nachhaltig nicht zu erbringen sind.«

Die gefangene Müllerstochter konnte das Stroh schließlich nur mit der unseligen Hilfe des bösen Zwerges, die sie in ihrer Todesangst in Anspruch nehmen mußte, zu richtigem »Gold« verspinnen.[356]

Ergebnis: Der König hat die Müllerstochter in einem besonders schweren Fall zum Goldspinnen genötigt, § 240 StGB.

2. Freiheitsberaubung, § 239 StGB

Der König sperrte die Müllerstochter gegen ihren Willen in den verschiedenen Strohkammern bis zum Ende der jeweiligen Nachtschicht ein. (»Darauf schloß er die Kammer selbst zu, und sie blieb allein darin.«)

Ergebnis: Der König hat eine Freiheitsberaubung begangen, § 239 StGB.

---

354 Vgl. Röhrich, L.: Rumpelstilzchen, a.a.O., S. 124. – Siehe auch die modernere Beurteilung des realen Gehalts von Rumpelstilzchen von Prof. Iring Fetscher in seinem zu Recht aufsehenerregenden Aufsatz »Rumpelstilzchen und die Frankfurter Schule«, in: Fetscher, I.: Wer hat Dornröschen wachgeküßt, a.a.O., S. 187: »Natürlich kann man aus Stroh Gold machen, man muß es nur – mit Hilfe von Lohnarbeit – verwandeln und die so erzeugte Ware auf einen geeigneten Markt bringen, wo sie sich in Geld (Gold) eintauschen läßt.«

355 Hippel, Fritz von: Die Perversion von Rechtsordnungen, Tübingen 1958, S. 21. Dieses Buch wird dem geneigten Leser nachhaltig zur Lektüre empfohlen.

356 Zum Stand der kriminologischen Zwergenforschung vgl. oben S. 55.

b) Strafbarkeit des Vaters der Müllerstochter

Verletzung der Fürsorge- und Erziehungspflicht, § 170 d StGB

Müller gehörten seit alters her zum unehrlichen Gewerbe.[357] So wundert es nicht, daß es gerade ein Vertreter dieser Berufsgattung war, der dem König wahrheitswidrig versprochen hatte, daß seine Tochter Stroh zu Gold machen könne. Noch schlimmer war es allerdings, daß der Müller in »Erfüllung« seines Versprechens die Tochter in das Schloß brachte, wo sie – vom großmäuligen Vater allein gelassen – prompt den verbrecherischen Machenschaften des Königs schutzlos ausgeliefert war. Eine Bestrafung des Müllers wegen Verletzung der Fürsorge- und Erziehungspflichten drängt sich geradezu auf. Voraussetzung wäre allerdings, daß dem Vater bewußt war, daß es sich beim Schloßherrn um einen Kriminellen mit Königskrone handelte, dessen kriminelle Energie sich auch an der Müllerstochter entladen würde.

Derartiges läßt sich kaum beweisen. Lediglich aus psychoanalytischer Sicht haben sich Erkenntnisse über den Wissensstand des Vaters ergeben, die auf umfangreichen Untersuchungen *Ottokar Graf Wittgensteins* beruhen:[358]

»Der Müller weiß, daß seine Tochter schön ist. Und er weiß, was Männer, auch Könige, von Jungfrauen erwarten. Er kennt, als Mann und als Vater, das kleine Männchen, mit dessen Hilfe ein Mädchen aus Stroh Gold machen kann, und das sich aus der Frau ein Kind zu holen wünscht. Aber er sagt seiner Tochter nicht, was er kennt. Deshalb weiß das arme Mädchen um ihr Leben keinen Rat, als sie auf dem Stroh sitzt und weint.«

Diese psychoanalytischen Erkenntnisse[359] sind aber im Strafverfahren nur eingeschränkt von Bedeutung. Beim väterlichen »Täter«, der seine Tochter den kriminellen Umtrieben (Trieben?) des Königs aussetzte, hat sich das allermeiste im nicht gerichtsverwertbaren Bereich des sogenannten Unbewußten abgespielt.[360] Ein Beweis, daß der Vater die seiner Tochter

---

357 Vgl. dazu Kramer, K.S.: Ehrliche und unehrliche Gewerbe. Handbuch zur deutschen Rechtsgeschichte I, o.O. 1971. – Vgl. zum sozialen Status der Müller auch Dubler, A.-M.: Müller und Mühlen im alten Staat Luzern, o.O. 1978.

358 Siehe Wittgenstein, Ottokar Graf von: Märchen-Träume-Schicksale, Düsseldorf/Köln 1965, S. 23.

359 Vgl. dazu Wagner, T.: Die Psychoanalyse ist die Krankheit, für deren Therapie sie sich hält, Solingen 1990, S. 2-25.

360 Grundlegend zum Unbewußten natürlich Freudjung, S.C.G., in seinem berühmten Aufsatz mit dem Titel: Bewußt oder unbewußt - das ist die Frage?, in: Der kritische Psychiater, München/Wien 1905, S. 35 ff.

im Schloß drohenden Gefahren wirklich kannte und aus egoistischen Motiven billigend in Kauf nahm, läßt sich im juristischen Sinne mit der Psychoanalyse leider nicht führen.

Ergebnis: Der Vater der Müllerstochter ist vom Vorwurf der Verletzung der Fürsorge- und Erziehungspflicht freizusprechen.[361]

B. DAS ZEUGEN DES KINDES

Strafbares Verhalten des Königs

Verführung, § 182 StGB

Der König hat die Müllerstochter nach ihrer erfolgreichen Spinntätigkeit verführt[362], wie die nachfolgende Geburt des zwischen ihr und Rumpelstilzchen streitbefangenen Kindes eindeutig beweist. Da er die Verführte aber später heiratete, geht der König in diesem Punkt gemäß § 182 Abs. 2 StGB selbst dann straffrei aus, wenn das Opfer seiner Begierden zum Zeitpunkt des Beischlafvollzugs noch keine 16 Jahre alt war.[363]

Zur Vermeidung von Wiederholungen kann in dem Zusammenhang auf den Fall Rapunzel verwiesen werden.[364]

Ergebnis: Wegen Verführung der Müllerstochter kann der König nicht belangt werden.

---

361 Auch weitere Straftaten des Müllers sind nicht ersichtlich.
362 Angesichts des zuvorigen gewalttätigen Verhaltens des Königs wäre ihm auch Schlimmeres zuzutrauen als eine »Verführung« – die Beweislage ist aber so schlecht, daß auch hier der alles überragende Rechtsgrundsatz »in dubio pro reo« – in der abgewandelten Form »in dubio pro rex« – zum Zuge kommt.
363 Zur kriminalpolitischen Problematik der Vorschrift vgl. die außerordentlich sachkundige Abhandlung von Ackermann: Der Tatbestand der Verführung, Dissertation 1972.
364 Siehe Kapitel I. H. 2.

C. DIE HERAUSGABE VON RING UND HALSBAND AN RUMPELSTILZCHEN

Strafbares Verhalten von Rumpelstilzchen

1. Nötigung, § 240 StGB

Rumpelstilzchen nutzte die bedauernswerte Lage der Müllerstochter brutal zu seinem Vorteil aus. Für den lebensnotwendigen Einsatz seiner besonderen Spinnkenntnisse und Spinnfähigkeiten verlangte der Zwerg Halsband und Ring als Preis. Da die Müllerstochter unter dem Eindruck der Todesdrohung des Königs aus nachvollziehbaren Gründen nicht auf die Hilfe des Zwerges verzichten konnte, war sie gezwungen, ihre Wertgegenstände herauszugeben.

Ergebnis: Rumpelstilzchen hat die Müllerstochter zur Herausgabe des Halsbandes und Ringes genötigt, § 240 StGB.

2. Erpressung, § 253 StGB[365]

Das Verhalten des Zwerges stellte auch eine Erpressung dar. Rumpelstilzchen war angesichts der drohenden Ermordung der Müllerstochter zur Hilfeleistung verpflichtet (§ 323 c StGB). Wenn er unter diesen Umständen in Bereicherungsabsicht rechtswidrig seine Hilfe von der Herausgabe des Halsbandes und Ringes abhängig machte, drohte er in strafbarer Weise mit einem »empfindlichen Übel«.

Ergebnis: Rumpelstilzchen hat die Müllerstochter zur Herausgabe ihrer Wertgegenstände erpreßt, § 253 StGB.

---

365 § 253 StGB, Erpressung: (1) Wer einen anderen rechtswidrig mit Gewalt oder durch Drohung mit einem empfindlichen Übel zu einer Handlung, Duldung oder Unterlassung nötigt und dadurch dem Vermögen des Genötigten oder eines anderen Nachteil zufügt, um sich oder einen Dritten zu Unrecht zu bereichern, wird mit Freiheitsstrafe bis zu fünf Jahren oder mit Geldstrafe, in besonders schweren Fällen mit Freiheitsstrafe nicht unter einem Jahr bestraft.
(2) Rechtswidrig ist die Tat, wenn die Anwendung der Gewalt oder die Androhung des Übels zu dem angestrebten Zweck als verwerflich anzusehen ist.

D. DIE NICHTEINSCHALTUNG VON POLIZEI UND STAATSANWALTSCHAFT

Strafbarkeit von Rumpelstilzchen

Nichtanzeige geplanter Straftaten, § 138 Abs. 1 Ziff. 6 StGB

Rumpelstilzchen hat es unterlassen, den zuständigen Strafverfolgungsbehörden von der drohenden Ermordung der Müllerstochter Mitteilung zu machen. Eine Bestrafung wegen Nichtanzeige einer geplanten Straftat scheitert aber schon daran, daß der Zwerg selber aus der Bedrohung seines Opfers durch den König kriminelles Kapital schlug. Durch die Bestrafung Rumpelstilzchens wegen Erpressung usw. fällt eine mögliche Straftat nach § 138 StGB weg.[366] Man kann Rumpelstilzchen nicht einerseits wegen Nichtanzeige der Mordpläne des Königs bestrafen und andererseits deswegen, weil es diese Mordpläne im Rahmen der Verwirklichung seiner eigenen Tatpläne ausnutzte.

E r g e b n i s : Eine Strafbarkeit Rumpelstilzchens wegen Nichtanzeige der königlichen Mordpläne scheidet aus.

E. DAS VERSPRECHEN ÜBER DIE KINDESHERAUS- GABE UND DAS VERLANGEN NACH ERFÜLLUNG

Strafbarkeit Rumpelstilzchens

1. Nötigung, § 240 StGB

Rumpelstilzchen machte für die dritte Nachtschicht die Fortsetzung seiner Spinntätigkeit rechtswidrig von der Herausgabe des ersten Kindes abhängig. Der Müllerstochter blieb zur Sicherstellung der lebensnotwendigen Hilfe des Zwerges nichts anderes übrig, als ihm ein solches Versprechen zu

---

366 So im Ergebnis auch Tibulski-Schribbeneck, H.: Der Fall Rumpelstilzchen oder die strafrechtliche Relevanz des Spinnens, in: ders.: Märchenhafte Rechtsbrüche, Band 12, Köln 1976, S. 167.

geben. Bei *Iring Fetscher* findet sich in dem Zusammenhang folgende interessante zivilrechtliche Einordnung der »Zusage« der Müllerstochter[367]:

»Das Mädchen hat gleichsam einen Wechsel auf das erstgeborene Kind ausgestellt, den das Männlein ordnungsgemäß am Verfallstag präsentiert.«

Gegen eine Beurteilung nach den Vorschriften des Wechselrechts bestehen aber schon wegen mangelnder Einhaltung der Schriftform Bedenken. Näher liegt es, einen Vertrag eigener Art oder eine Verpfändung anzunehmen, wie es z.B. Jessen in seinem Rechtsgutachten zu diesem Grimmschen Märchen tut.[368]

Unabhängig von der Rechtsnatur des Abkommens kann aber festgehalten werden, daß es jedenfalls von der Müllerstochter nur unter Zwang akzeptiert wurde.

Ergebnis: Das Verlangen Rumpelstilzchens nach der Zusage über die Kindesherausgabe war eine Nötigung, § 240 StGB.

2. Körperverletzung, § 223 StGB

Rumpelstilzchen hat die Königin zu ›Tode erschreckt‹, als er von ihr die Einlösung des Versprechens[369] zur Herausgabe des Kindes verlangte. Insofern könnte eine Strafbarkeit wegen Körperverletzung ernsthaft erwogen werden. Eine Gesundheitsbeschädigung kann nämlich durchaus auch »nur« durch seelische Einwirkungen verursacht werden. Erforderlich ist dafür allerdings, daß diese seelischen Einwirkungen zu einer mehr als unerheblichen Beeinträchtigung des körperlichen Wohlbefindens beim Opfer geführt haben. Die Rechtsprechung nimmt eine solche körperliche Beeinträchtigung bei einem »Schock, Herzanfall oder Nervenzusammenbruch« an.[370]

---

367 Fetscher, Iring: Rumpelstilzchen und die Frankfurter Schule, a.a.O., S. 189. – Die Vereinbarung war natürlich nach §§ 826, 138 BGB sittenwidrig und über § 123 BGB anfechtbar.

368 Siehe Jessen, a.a.O., S. 32: »Die Weggabe eines Kindes begründet vielleicht auch Haftung für Leistung und Gegenleistung, die der Schuldner nicht mit seiner Person leistet. Das Märchen führt uns in eine Zeit, wo die Pfandsetzung und Vergeiselung anderer an die Stelle der persönlichen Haftung des Schuldner treten durfte.«

369 Nach der Terminologie Fetschers handelte es sich rechtlich um eine Art »Wechsel« – vgl. Fetscher, Rumpelstilzchen und die Frankfurter Schule, a.a.O., S. 189.

370 OLG Stuttgart NJW 1959, S. 831: Schock der das Maß der kleineren Unannehmlichkeiten übersteigt. – OLG Hamm MDR 1958, S. 939: Schrecken ist keine Körperverletzung. – LG Achen NJW 1950, S. 759: Nervenzusammenbruch. – Aus jüngster Zeit zur zivilrechtlichen Seite vgl. BGH NJW 1989, S. 2317.

Bei der Müllerstochter lagen zwar seelische Beeinträchtigungen vor, gewichtige psychopathologische Ausfälle[371] waren aber bei ihr nicht feststellbar. Sie war nach ihrem Schreck sofort in der Lage, nach Möglichkeiten zur Abwendung der von Rumpelstilzchen drohenden Gefahren zu suchen. Angesichts der Erfahrung, daß Rumpelstilzchen – wie übrigens viele Zwerge[372] – Wertgegenstände mochte, »bot sie dem Männchen alle Reichtümer des Königreiches an, wenn es ihr das Kind lassen wollte«.

Wer derart nervenstark und folgerichtig handelte, stand nicht unter Schock. Der Schreck über das dem eigenen Kinde drohende Schicksal erreichte bei der Königin nicht das für eine Körperverletzung erforderliche Ausmaß.[373]

Ergebnis: Rumpelstilzchen hat zwar die Müllerstochter zu Tode erschreckt, damit aber keine Körperverletzung begangen.

3. *Versuchter Menschenraub, §§ 22, 23, 234 StGB*[374]

Rumpelstilzchen kam zum »vereinbarten« Zeitpunkt zur Königin, um sich deren Kindes zu bemächtigen. Nach dem vorliegenden Beweismaterial muß davon ausgegangen werden, daß der Zwerg das arme Königskind in einer Art »Leibeigenschaft« halten wollte, also einen Menschenraub beabsichtigte.[375]

Bei absprachewidriger Weigerung drohte er der Königin stillschweigend mit empfindlichen Konsequenzen in Form von Gewalttaten. Wer Stroh zu Gold spinnen konnte, dem war alles zuzutrauen. Der spätere Wutanfall Rumpelstilzchens belegt dessen Gefährlichkeit auf sehr anschauliche Weise.

---

371 Zu dem Erfordernis vgl. BGH NJW 1989, S. 2317.

372 Vgl. Meyers Großes Lexikon, Mannheim 1986, Stichwort Zwerge.

373 Vgl. auch OLG Hamm MDR 1958, S. 939. – Zur Frage, ob die Zerstörung eines Lebenstraums eine Körperverletzung sein kann, vgl. meine ausführlichen Darlegungen im Fall Max und Moritz, a.a.O., S. 24 ff.

374 § 234 StGB, Menschenraub: Wer sich eines Menschen durch List, Drohung oder Gewalt bemächtigt, um ihn in hilfloser Lage auszusetzen oder in Sklaverei, Leibeigenschaft oder in auswärtigen Kriegs- oder Schiffsdienst zu bringen, wird mit Freiheitsstrafe nicht unter einem Jahr bestraft.

375 Siehe aber auch Röhrich: Rumpelstilzchen, a.a.O., S. 147: »Rumpelstilzchen verlangt nach dem Menschenkind genau wie die Zwerge der Sage, die ihre eigenen häßlichen Kinder dem Menschen als Wechselbälge unterschieben und sich Menschenkinder stehlen. Was Rumpelstilzchen mit dem Kind will, wird an keiner Stelle gesagt.«

Zum vollendeten Menschenraub kam es nur deshalb nicht, weil ein Diener des Königs das Männlein ertappte, wie es seinen Namen aussprach.[376] Die Königin konnte mit dieser Information ihr Kind retten.

Ergebnis: Rumpelstilzchen hat einen versuchten Menschenraub begangen, §§ 22, 23, 234 StGB.

RECHTSGESCHICHTLICHE ANMERKUNGEN ZUM FALL RUMPELSTILZCHEN

Das Märchen von Rumpelstilzchen enthält bei genauer rechtsgeschichtlicher Betrachtung einige rechtliche Ungeschicktheiten, wenn nicht gar Fehler Rumpelstilzchens. Auf sie hingewiesen zu haben, ist ein besonderer Verdienst von *Jens Christian Jessen*. Sein Gutachten mit dem Titel »Die Munt bricht Rumpelstilzchens Anwartschaft auf das Kind« ist zur Abrundung jeder rechtlichen Analyse von Rumpelstilzchen unentbehrlich. Es soll deshalb im Folgenden auszugsweise wiedergegeben werden:

»Die Kinder sind im Märchen häufig Vertragsgegenstand (vgl. nur den Fall ›Rapunzel‹ – neugeborenes Kind –, ›Mädchen ohne Hände‹ – drei Jahre alte Tochter –, ›Marienkind‹ – drei Jahre alte Tochter). Wir begegnen dieser Übung im ›Rumpelstilzchen‹. Durch das Festhalten am Versprechen, an der vereinbarten Leistung, verliert sich das Märchen aber dort im Recht, wenn das Anrecht Rumpelstilzchens auf das Kind erst nach Nennung seines Namens erloschen sein soll. In Wirklichkeit ist Rumpelstilzchens Recht am Kind juristisch schon früher erloschen.

Dieses Männchen hilft der Müllerstochter zunächst gegen Geschenke, aus Stroh Gold zu spinnen. Als sie nichts mehr schenken kann, läßt es sich das erste Kind versprechen, das sie, falls Königin geworden, gebiert. ›So versprich mir Dein erstes Kind, wenn Du Königin bist‹. Sie versprach also dem Männchen, was es verlangte.

Über das Halsband und den Ring konnte sie – persönliche Habe – von alters her frei verfügen, vielleicht auch als Mutter eines unehelichen

---

376 Nach Röhrich, a.a.O., repräsentiert der Diener übrigens »die instinktsichere Sphäre des einfachen Menschen, welcher bekanntlich vielfach die Ränke des dunklen Weltgeistes klarer als der differenzierte, durch sein Wissen belastete Mensch zu erkennen vermag«.

Kindes oder aus dem Witwenstand über das Kind, um die Schmach von der Familie abzuwenden oder aus sonstiger Not. Das Männlein begeht aber einen Rechtsfehler mit der Vertragsbedingung ›wenn Du Königin bist‹, d.h. das Kind sollte Gegengabe nach der Heirat sein.

Die Müllerstochter wird nämlich Königin und fiel damit von der Munt ihres Vaters in die Munt ihres Mannes; in diesem Fall sogar unter die Munt eines Königs, zumal sich im Adel das Hausrecht am längsten gehalten hat, wie das Märchen später noch berichten wird. Die Königin bringt 12 Monate nach der Heirat ›das schönste Kind zur Welt‹. Das geborene Kind stand nach Vaterrecht unter der ausschließlichen Munt des Vaters, des Königs, so daß bereits diese Munt (nicht erst das Herausfinden des Namens − Zusatz des Verfassers) die Anwartschaft Rumpelstilzchens auf das Kind der Königin brach. Dieses Recht kennt das Märchen als Hausrecht sehr genau.

Sehen wir dem ›rechtskundigen‹ Märchen einmal nach, daß es bei seiner Erzählfreude den Namenzauber bringen wollte, der Macht verlieh, so daß die Königin auch auf diese Weise das Männchen ohne das Kind fortschicken konnte. Allerdings nach Erfüllung einer Bedingung: die Erratung des Namens.«[377]

---

377 Jessen, a.a.O., S. 34 - 36.

DAS SCHREIBEN UND VERBREITEN DER MÄRCHENSAMMLUNG

»Märchenpracht und Fabelscherz freut der Kinder junges Herz«[378]

Strafbarkeit der Gebrüder Grimm und ihrer Verleger, von Buchhändlern und Eltern

Verherrlichung von Gewalt, § 131 StGB[379], Verstoß gegen §§ 6, 21 des Schmutz- und Schundgesetzes[380]

Wie in den Kinderkriminalfällen »Max und Moritz« und »Struwwelpeter« taucht die Frage auf, ob die Märchensammlung der Brüder Grimm als gewaltverherrlichende, jugendgefährdende Schrift eingestuft werden muß. Immerhin werden − worauf ich bereits im Vorwort hinwies − in den untersuchten Märchen fast durchgängig massive Gewalttaten gegen Menschen geschildert. Zu nennen sind u.a. die kaltschnäuzigen Attentate auf Schneewittchen, die brutale Freiheitsberaubung zu Lasten des armen

---

378 Zitat: Pichler, Luise: Märchenpracht und Fabelscherz freut der Kinder junges Herz, Festgabe für die Jugend, Stuttgart o.J.

379 § 131 StGB, Verherrlichung von Gewalt; Aufstachelung zum Rassenhaß: Wer Schriften (§ 11 Abs. 3), die Gewalttätigkeiten gegen Menschen in grausamer oder sonst unmenschlicher Weise schildern und dadurch eine Verherrlichung oder Verharmlosung solcher Gewalttätigkeiten ausdrücken oder die zum Rassenhaß aufstacheln,

    1. verbreitet,

    2. öffentlich ausstellt, anschlägt, vorführt oder sonst zugänglich macht,

    3. einer Person unter achtzehn Jahren anbietet, überläßt oder zugänglich macht oder

    4. herstellt, bezieht, liefert, vorrätig hält, anbietet, ankündigt, anpreist, in den räumlichen Geltungsbereich dieses Gesetzes einzuführen oder daraus auszuführen unternimmt, um sie oder aus ihnen gewonnene Stücke im Sinne der Nummern 1 bis 3 zu verwenden oder einem anderen eine solche Verwendung zu ermöglichen, wird mit Freiheitsstrafe bis zu einem Jahr oder mit Geldstrafe bestraft.

380 Schmutz- und Schundgesetz − Gesetz über die Verbreitung jugendgefährdender Schriften − vom 12. Juli 1985 (BGBl. III, 2161 - 1). Nach § 21 Abs. 3 Schmutz- und Schundgesetz macht sich der Täter oder die Täterin sogar bei reiner Fahrlässigkeit strafbar. Das heutige Schmutz- und Schundgesetz geht zurück auf das »Gesetz zur Bewahrung der Jugend vor Schund- und Schmutzschriften« vom 18. Dezember 1926 (Reichsblatt 1926, I, 67, S. 505). − Rechtsvergleichend: Herbert, Alan Patrick: Schmutz und Schund − der Fall Rex versus Head Master of Eton, dokumentiert in: Rechtsfälle-Linksfälle. Juristische Phantasien, 3. Aufl., Göttingen 1980.

Rapunzels, und die schreckenerregenden Verstümmelungsakte im Fall Aschenputtel. Das Wort von der »Grimmschen Gruselkammer« erscheint auch im Rückblick mehr als berechtigt.

Gleichwohl steht damit nicht zwingend fest, daß die Märchen gegen § 131 StGB und §§ 6, 21 des Schmutz- und Schundgesetzes verstoßen. Die Vorschriften können und wollen nämlich nicht erreichen, daß in Wort und Bild eine »heile Welt« ohne Gewalt und ohne Probleme dargestellt wird.[381] Hierauf wurde von mir bereits in früheren Untersuchungen hingewiesen.[382] Erfaßt werden vielmehr nur Schilderungen, die als solches grausam oder sonst unmenschlich sind (sog. Brutalitätsschriften).[383] Alle gängigen Western, Krimis und Comic-Strips erfüllen diese Tatbestandvoraussetzungen gewöhnlich nicht; sie dürfen ungehindert verbreitet werden.[384] Was für Western, Krimis und Comic-Strips gilt, muß im Grundsatz auch für Märchen gelten.

Man kann sich der Rechtsauffassung nicht gänzlich verschließen, daß sie als »Weltliteratur« wohl eher den Schutz der Kunstfreiheitsgarantie des Art. 5 Abs. 3 GG verdienen dürften.[385]

Erich Wulfen[386] wies schon 1910 in einem Vergleich der Märchen mit der damaligen »Jugend-Schund- und Schmutzliteratur« nicht ganz zu Unrecht darauf hin, daß in den Grimmschen Märchen die

»einzelne boshafte oder kriminelle Handlung oftmals im glänzenden Märchenschleier durch einen goldenen Humor verdeckt wird. Die Bosheit von Aschenputtels Stiefmutter, die dem bedauernswerten Kind Linsen in die Asche schüttet, wird im Auge des Kindes gewissermaßen verwischt durch die liebliche Hilfsbereitschaft der Turteltauben und Waldvögel, durch die silbernen und goldenen Kleider, welche der Vogel aus dem Haselbaum auf Mutters Grab herabwirft. Die Straffälligkeit von Hänsel

---

381 So ausdrücklich Laufhütte, Heinrich: Viertes Gesetz zur Reform des Strafrechts, JZ 1974, S. 49.
382 Vgl. z.B. »Der Fall Max und Moritz«, a.a.O., S. 107.
383 Vgl. BGH NJW 1978, S. 58: der berühmte Bommi-Baumann-Fall. – Vgl. in dem Zusammenhang übrigens den interessanten Hinweis von Laufhütte, a.a.O., Fn. 48: »Die vom Bundesrat (BR-Drucksache 441/73 – Beschluß –) befürchtete Auslegung, der Leser selbst müsse durch die Schilderung gequält werden, ist nach dem Wortlaut und nach den Beratungen im Sonderausschuß nicht gerechtfertigt.«
384 Vgl. Rudolphi, Hans-Joachim: Kommentar zum StGb, Loseblattsammlung, Stand Februar 1987, § 131 StGB, Rn. 1. – So ausdrücklich Sch-Sch., § 131 StGB, Rn. 113.
385 Vgl. dazu: Staeck, Klaus: Eine Zensur findet gelegentlich statt, in: Drewitz-Eilers: Mut zur Meinung. Gegen die zensierte Freiheit, o.O. 1980, S. 158 ff. – Vgl. aber auch die angenehm ausgewogene Darstellung bei Würtenberger, a.a.O., NJW 1983, S. 1144.
386 Wulfen, a.a.O., S. 364 ff.

und Gretels Eltern wird in ähnlicher Weise von der treuen Liebe der Geschwister und Hänsels Mutterwitz, die Menschenfresserei der lüsternen Hexe von der verzuckerten Architektonik des Pfefferkuchenhauses völlig überstrahlt. Die sadistische Mordlust von Schneewittchens eitler Stiefmutter tritt im Zauberreiche der goldbergenden Zwerge, die mit dem lieblichen und verfolgten Menschenweibe einen rührenden Freundschaftsbund schließen, für den harmlosen Hörer und Leser ganz in den Hintergrund. Wenn endlich Diebes- und Gaunerstreiche erzählt werden, so nimmt die märchenhafte Hexerei und die urwüchsige Komik den Sinn völlig gefangen. Für eine solche Betrachtungsweise tritt also das Kriminelle ganz zurück.

Ganz anders, und doch ähnlich kommt die Wirkung der Erzeugnisse zustande, welche uns die moderne sogenannte Jugend-Schund- und Schmutzliteratur auftischt. Die Lust am Verbrechen, und seiner Schilderung, in das Volksmärchen geschichtlich und unabsichtlich hineingewachsen, vom glänzenden Märchenschleier umwoben und halb verhüllt, tritt in der Schundliteratur ganz offen als Selbstzweck und in roher Form auf. Das Wunderbare, die Naturinnigkeit, die Poesie, der entzückende Humor der Märchendarstellung fehlen in den gedanken- und gefühlsarmen Machwerken völlig, die höchstens eine raffinierte, gerade die unreinen Gedanken anreizende Erzähltechnik beherrschen.«

Auf der anderen Seite gibt es aber in den Grimmschen Märchen Stellen, die bei strenger juristischer Betrachtung nichts von einem Märchenschleier haben, von dem bei Staatsanwalt Dr. Wulfen die Rede war. Einige Märchen enthalten ausgesuchte Grausamkeiten. Es kann schon erschrecken, was die sanften Brüder unter dem Deckmantel der Volksüberlieferung noch haben durchgehen lassen. Man denke z.B. an die Geschichte vom »Liebsten Roland«, wo eine Mutter dem eigenen Kind im Schlafe den Kopf abhackt in der Annahme, es handele sich um das ungeliebte Stiefkind. Beim »Märchen vom Machandelbaum« wird ein armer Knabe von seiner Mutter geradezu bestialisch geschlachtet und dem eigenen Vater »erfolgreich« als Mahlzeit vorgesetzt. In der Geschichte von »Fitschers Vogel« bringt schließlich ein perverser Lustmörder eine Vielzahl unschuldiger Mädchen um, indem er sie in seiner »Blutkammer« auf abscheuliche Art und Weise zerstückelt.[387]

---

387 Eine gute Zusammenstellung der Grimmschen Grausamkeiten findet sich bei Scherf, Walter: Was bedeutet dem Kind die Grausamkeit der Volksmärchen?, in: Jugendliteratur 6, 1960, H. 11, S. 496 - 514.

Bei den näher untersuchten sechs Märchen von Rotkäppchen bis Aschenputtel war allerdings im Rahmen dieses Forschungsvorhabens eine »Gewaltverherrlichung« im juristischen Sinne letzlich nicht zweifelsfrei nachweisbar. Auch dort finden sich zwar schlimme Greueltaten, die sich hart an der juristischen Grenze zur Gewaltverherrlichung bewegen. Durch die Vermeidung detaillierter Schilderungen von Schmerzen und Verletzungen — etwa bei der Vergiftung Schneewittchens — werden aber die Grausamkeiten zumindest etwas abgemildert.[388] Die Verbreitung dieser Märchen stellt im Lichte der Kunstfreiheit in dubio pro reo wohl (noch) keine Straftat dar, so daß sich die Brüder Grimm und ihre Verleger wie auch Buchhändler und Eltern insoweit wegen des Herstellens und Verbreitens nicht nach § 131 StGB oder §§ 6, 21 SchmuSchuG schuldig gemacht haben.[389]

Gleichwohl besteht mehr als genug Veranlassung zu einer äußerst kritischen Haltung zu fast allen Grimmschen Kriminalmärchen. Es soll der Schlußbetrachtung vorbehalten bleiben, alle Bedenken noch einmal zusammenzufassen und dem Leser aus kriminologischer Sicht praktische Konsequenzen aus der juristischen Märchenlektüre aufzuzeigen.

---

388 Insoweit folge ich den zutreffenden Anmerkungen von Staatsanwalt Dr. Wulfen.
389 Die Straflosigkeit der Eltern ergibt sich dabei bereits aus dem sog. Erzieherprivileg: vgl. § 131 Abs. 4 StGB bzw. § 6 Abs. 4 SchmuSchuG.

SCHLUSSBETRACHTUNG[390]

»Böses kommt aus Märchen«[391]

oder
Der Grimm auf Märchen[392]

Schon den Brüdern Grimm war bewußt, daß in ihrer Märchensammlung auch Handlungen und Motive erzählt werden, welche mit der »wunderbaren und seeligen Reinheit«, die über die Märchendichtung ausgegossen wird[393], wenig in Einklang zu stehen scheinen. In ihrer »Vorrede« zum 1819 erschienen Märchenband rechtfertigen sie die Aufnahme gewaltdurchsetzter Märchen:

»Übrigens wissen wir kein gesundes und kräftiges Buch, welches das Volk erbaut hat, wenn wir die Bibel obenan stellen, wo solche Bedenklichkeiten nicht in ungleich größerem Maß einträten; der rechte Gebrauch aber findet nichts Böses heraus.«[394]

Gleichwohl beanstandete bereits zu ihren Lebzeiten ihr Freund Achim von Arnim die Roheit bestimmter Vorgänge. Erst unserer mit tiefem Interesse an kriminalistischen Gegenständen erfüllten Zeit war es vorbehalten, auf der Basis der 1910 von Staatsanwalt Dr. Wulfen begründeten kriminalistischen Märchenforschung die Bedenken in ein juristisches Korsett zu bringen.

Die aktuellen Forschungsergebnisse sind durchweg erschütternd. Das Strafregister der überprüften Personen ist in einem Maße belastet, das die trübsten Befürchtungen bei weitem übersteigt.[395] Mit der uralten und

---

390 Die Schlußbetrachtung knüpft an die grundlegenden Ausführungen Erich Wulfens an. – Vgl. Wulfen, a.a.O., S. 363 ff.

391 Zitat: Gmelin, Otto F.: Böses kommt aus Kinderbüchern, München 1972.

392 So der gleichnamige Titel einer Ausstellung von Bildsatiren in Gelsenkirchen (Herbst 1989).

393 Vgl. dazu z.B. Goethe in einem Brief an Schiller: »Seelig sind, die da Mährchen schreiben.« – zitiert nach Jessen, a.a.O., S. 8.

394 Grimm: Kinder- und Hausmärchen, Band 2, München 1984, S. 13.

395 Ähnliches widerfuhr Ernst von Pidde bei seiner Untersuchung von Wagners »Ring des Nibelungen«, a.a.O., S. 72.

heute noch so wirksamen Sensationslust am Kriminellen werden alle Arten von Verbrechen im Märchen behandelt. Hierbei wurde anhand des vorliegenden Beweismaterials erschreckend deutlich, wie lebhaft die dichtende Volksseele an den kriminellen Ereignissen Anteil genommen hat. Schon *Wulfen* stellte dazu fest:

»Auch auf dem Boden des Kriminellen wurde das Volk zum unerreichten Dichter. Was aber mit seinem innersten Dichten und Trachten verknüpft ist, das steigt auch aus seinem tiefsten Wesen – das Verbrechen aus den Urtrieben des Volkes – mit herauf. Das Volk, ein verbrecherischer Dichter, das Volk, ein dichtender Verbrecher. Die neuere Kriminalpsychologie weiß, daß beide Persönlichkeiten leben.«[396]

Eine geheime Lust am Verbrechen und seiner Ausübung durchzieht wie ein roter Faden die von den beiden Juristen Grimm gesammelten Berichte.[397]

Um so bedauerlicher ist deren (welt-)weite Verbreitung als »Märchen«. Die Kinder- und Hausmärchensammlung ist nach der Bibel das meistgedruckte und meistverbreitete Buch deutscher Sprache.[398] Unzählige Theaterstücke und Opern tragen ihren unrühmlichen Teil zur bedenklichen Ausbreitung der fragwürdigen Stoffe bei.[399] Noch heute wird die frühe Weltsicht fast aller Kinder geprägt durch die Erzählungen von Rumpelstilzchens brutalen Erpressungsmethoden, Hänsels und Gretels gewissenlosen Eltern, und Schneewittchens selbstverliebter Stiefmutter, dieser Giftmörderin mit der Königskrone. Kombiniert mit den aus strafrechtlicher Sicht nicht minder fragwürdigen Eindrücken aus »Max und Moritz« und dem »Struwwelpeter«, werden hohe Kriminalitätsraten erklärlich.[400]

Früher ließ sich im Einzelfall allerdings nur schwer nachweisen, daß ein Kind oder ein Jugendlicher durch die von Kriminalität strotzenden Märchenerzählungen zur Nachahmung einer Handlung bestimmt worden wäre. Wulfen[401] schrieb dazu, daß er jedenfalls noch niemals davon gehört

---

396 Wulfen, a.a.O., S. 362.
397 Vgl. zum realen Gehalt der Märchen, Jessen, a.a.O., S. 129 - 130: »Unsere Märchen weisen durch ihren realen Sinn auf allumfassende tragende Elemente hin, so daß wir in allen Rechtsbereichen geradezu von einem objektiven Bericht sprechen können.«
398 Vgl. Röhrich, Lutz: Erzählforschung heute, Freiburg 1976, S. 21.
399 Vgl. nur die Nachweise im Vorwort.
400 Vgl. auch die kritische Märchendarstellung von Wunderlich, a.a.O., S. 370: »Gerade der junge Mensch in gewissen prägungssensiblen Stadien seiner Persönlichkeitsentwicklung wird so immer wieder mit Gedankengängen infiziert, die eigentlich längst der Vergangenheit angehören sollten.«
401 Siehe Wulfen, a.a.O., S. 366.

habe; auch habe nach seinem Wissensstand die Kenntnis der oben erwähnten Märchen auch noch nie ein Kind gegen seine Stiefmutter oder seine Eltern häßlichen Verdacht schöpfen lassen.

Die Untersuchungen Wulfens liegen aber 80 Jahre zurück. Rechtswissenschaft, Pädagogik und Psychologie haben sich fortentwickelt. Die von gewaltdurchtränkten Geschichten für Kinder und Jugendliche ausgehenden Gefahren können heute nicht hoch genug eingeschätzt werden. *Wulfen* selbst räumte bereits 1910 ein:

»Absolut untauglich zur Erzeugung krimineller Anreize ist selbst das Märchen nicht.«[402]

Nach dem neuesten Stand der Kriminologie muß es im Jahr 1990 heißen: Märchen sind zur Erzeugung krimineller Anreize absolut tauglich.

Zwischenzeitlich ist es nämlich gelungen, vermehrt Fälle aufzudecken, bei denen Straftaten eindeutig auf unkontrollierte Märchenlektüre kindlicher oder jugendlicher Straftäter zurückzuführen waren.[403] Konsequenzen für die Behandlung gerade der Grimmschen Machwerke müssen folgen.

Bei den untersuchten Märchen wird zwar letztendlich die strafbare Stufe zu Gewaltverherrlichung i.S.d. § 131 StGB noch nicht erreicht.[404] Auch unterhalb dieser Schwelle sollten sich aber verantwortungsbewußte Juristen, Eltern und Jugendpädagogen spätestens nach Kenntnis der vorgelegten Prüfungsergebnisse ernste Gedanken[405] über den zwar nicht strafbewehrten, gleichwohl aber durchgängig »kriminellen« Lesestoff ihrer Kinder machen.[406]

Es wäre deshalb wünschenswert, bei realistischer Betrachtung aber wohl zumindestens auf breiter Basis kaum durchsetzbar, alle gängigen Märchen ihres Gewaltinhalts zu entkleiden und vollständig durch bereinigte Versionen zu ersetzen.[407] Derartige Versuche hat es in der Vergangenheit bereits gegeben.

---

402 Wulfen, a.a.O., S. 366 - 367.
403 Fallbeispiele finden sich bei Tibulski-Schribbeneck: Jugendliche Delinquenz und ihre Ursachen – Märchen vor Gericht, Düsseldorf 1976, S. 389 ff.
404 Siehe Kapitel VII.
405 Siehe dazu das zugegebenermaßen schöne, aber inhaltlich äußerst gefährliche Wortspiel von Peter Sirius: »Man kann sich das Leben auch durch zu großen Ernst verscherzen.«
406 Märchen wie »Max und Moritz« und »Struwwelpeter« bilden – wie bereits oben erwähnt – zumindestens in ihrer Kombination einen ganz gefährlichen literarischen »Gewaltcocktail«. – Siehe zu dem Problem auch Gmelin, a.a.O. – Gefährlich ist der »Persilschein«, den Ottokar Graf Wittgenstein Märchen ausstellt, a.a.O., S. 284: »Kinder, dem dem Märchen nicht begegnet sind, trifft das Grausame des Lebens unvorbereitet.«
407 Vgl. dazu auch Psaar/Klein, a.a.O., S. 148.

Die Besatzungsmächte sahen nach dem zweiten Weltkrieg in der Brutalität der Grimmschen Märchen eine der vielen Ursachen für die nationalsozialistischen Verbrechen und verlangten eine entsprechende Kontrolle der Bücher.[408] So fehlt z.B. in einigen Ausgaben der Märchen aus der Besatzungszeit im »Schneewittchen« der Straftanz[409] mit den glühenden Schuhen.[410] Eine Zeitlang war sogar der Neudruck von Märchensammlungen nahezu gänzlich verboten.

Sieht man in der Zensur oder dem vollständigen Verbot von Märchen keine befriedigende Lösung des Problems, dann sollte man aber zumindest beim Vorlesen von Märchen – speziell der Marke »Grimm« – als Elternschaft dringend beherzigen, was *Jakob Streit* in einem Aufsatz mit dem Titel »Wie soll man Märchen erzählen« zu Recht mit Nachdruck verlangt:

»Märchenerzählen fordert vom Erzähler Verantwortung dem Kinde gegenüber. Er muß spüren, daß er durch weitgeöffnete Tore in eine junge Seele tief hineinwirkt durch sein Wort. Was von Herzen kommt, wird zu Herzen gehen. Streng sollte vermieden werden, den Märchen jene sensationelle Kriminalstimmung zu geben, die wir an gewissen modernen Kinder-Märchenfilmen und illustrierten Comics ablehnen müssen.«[411]

Nicht unter den Teppich gekehrt werden dürfen schließlich auch die besonderen Gefahren, die für viele erwachsene Märchenleser in Märchen lauern.[412] Es war wiederum ein besonderes Verdienst *Erich Wulfens*, schon früh auf diese Gefahren in der gebotenen Deutlichkeit hingewiesen zu haben:

»Eher vermöchte ein disponierter junger Mensch oder ein Erwachsener, der durch den Märchenzauber hindurch die Wirklichkeit des geschilderten Verbrechens mit unseren Augen sieht, aus dem verbrecherischen Volkssadismus, den er bei seiner späten Märchenlektüre des phantastischen Beiwerks entkleidet, einen seelischen Anreiz zu einer verbrecherischen Tat empfangen.«[413]

---

408 Vgl. Psaar/Klein, a.a.O., S. 145. – So auch Christiane Schulz in einem Bericht über eine Jugendbuch-Ausstellung in der Zentralbibliothek Nürnberg mit dem Thema »Lottchen-Trotzkopf-Zwieselchen/Jugendbücher von 1945 - 1955«, Rheinische Post 17.11.1989.
409 Vgl. dazu Jessen, a.a.O., S. 167. – Und Panzer, Marianne: Tanz und Recht, o.O. 1938, S. 64.
410 Siehe Psaar-Klein, a.a.O., S. 145.
411 Streit, Jakob: Warum Kinder Märchen brauchen, Stuttgart 1985, S. 34.
412 Vgl. die Statistik, die im Vorwort erwähnt wurde.
413 Wulfen, a.a.O., S. 366.

Insofern dürfte es wissenschaftlich lohnenswert sein, einmal in einem aktuellen Forschungsprojekt dem kaum mehr zu leugnenden Zusammenhang zwischen steigender Märchenlektüre Erwachsener und deren steigendem Hang zur Ausübung von Kriminalität nachzugehen.[414] An dieser Stelle fehlte dafür leider der Raum. Bezeichnenderweise gibt es aber zwischenzeitlich sogar Märchenversionen, die ganz ungeniert den Kriminalcharakter von Märchen hervorheben, wie eine Rotkäppchenversion von *Hans-Joachim Schädlich* (!) mit dem Titel »Kriminalmärchen« eindrucksvoll belegt.[415]

Möge das vorliegende Buch dazu beitragen, solchen gefährlichen Entwicklungen Einhalt zu gebieten.

---

414 Zu berücksichtigen wäre dabei aber auch, daß sich an der grausamen und kriminellen Erzählung die eigenen grausamen und kriminellen Instinkte des Hörers und Lesers unter glücklichen Umständen ausagieren können – nicht zuletzt deshalb gingen die alten Märchen von Mund zu Mund, von Geschlecht zu Geschlecht. Vgl. Wulfen, a.a.O., S. 368.

415 Schädlich, Hans Joachim: Kriminalmärchen, Reinbek 1977.

NACHWORT

»Die gröberen, die grausamen, die kriminellen Instinkte, die in unserer Märchenwelt schlummern, haben eine Kette juristischer Betrachtungen ausgelöst. Wir haben das blühende, goldene Märchen herausgenommen aus der Kinderstube und vor die Justiz gestellt. Die holderen, die milderen Märchengestalten werden uns nicht zürnen, wenn sie nun in einem Zuge mit ihren düsteren und grausamen Genossen im klaren, durchsichtigen Sonnenlicht der Gegenwart an uns Lebenden vorüberwallen.«

(Staatsanwalt Dr. Erich Wulfen, Das Kriminelle im deutschen Volksmärchen, in: Zeitschrift für Kriminalanthropologie und Kriminalistik, 38. Band, 1910, S. 370.)

LITERATURVERZEICHNIS

Ackermann: Der Tatbestand der Verführung, Diss., o.O. 1972
Alwart, Heiner: Über die Hypertrophie eines Unikums — § 265 a StGB, JZ 1986, S. 563 ff.
Anger, S.: Das Recht in den Sagen, Legenden und Märchen Schleswig-Holsteins, Diss. Kiel 1947.
Arnim, Bettina v.: Clemens Brentanos Frühlingskranz, Leipzig 1974
Arntzen, Friedrich: Vernehmungspsychologie, 2. Auflage, München 1989.
Arzt, Gunther: Gekreuzte Mordmerkmale, JZ 1973, S. 681.

Balzac, Honoré de: Gesetzbuch für anständige Menschen, Leipzig 1974.
ders.: Der Ehevertrag, Novellen, Berlin und Weimar 1972.
Bamberger, Richard (Hrsg.): Vorwort zum Märchensammelband Märchen und Sagen, Das Beste, Stuttgart 1969.
Baroja, C.J.: Die Hexen und ihre Welt, Stuttgart 1961.
Baschewitz: Hexen und Hexenprozesse, München 1963.
Basinger, Hermann: Aschenputtel — zum Problem der Märchensymbolik, in: Zeitschrift für Volkskunde 52, 1955.
Battis: Kommentar zum Baugesetzbuch, München 1989.
Bernsmann, Klaus: Gartenanlagen als Wohnung, in: Tatbestandsprobleme des Hausfriedensbruchs, Jura 1981, S. 340 ff.
Bettelheim, Bruno: Kinder brauchen Märchen, Stuttgart 1977.
Biedermann, H.: Handlexikon der magischen Künste, Graz 1973.
Bierbaum, Otto Julius: In Rixdorf kennt mir jedermann, Berlin 1969.
Biermann, Wolf: Preußischer Ikarus, Köln 1978.
Böckenförde, Ernst Wolfgang: Der verdrängte Ausnahmezustand, in: NJW 1978, 1881.
Boehmer, G.: Die Rechtsstellung des Stiefkindes nach heutigem und künftigem Recht, o.O. 1941.
Büchmann, Georg (Hrsg.): Geflügelte Worte, Der Zitatenschatz des deutschen Volkes, Stuttgart/Hamburg o.J.
Bülow, Werner von: Märchendeutungen durch Runen, Hellerau bei Dresden 1925.
Burland, C.A.: The magical arts, London 1966.

Coester, Michael: Vornamensrecht — international, in: Internationales Handbuch der Vornamen, herausgegeben von der Gesellschaft für deutsche Sprache e.V., Frankfurt a.M. 1986, S. V ff.
Conrad, H.: Deutsche Rechtsgeschichte, Band I, Karlsruhe 1962.
Cox, M.R.: Three Hundred and Forty-five Variants, Davit Nutt, London 1893.

Déry, Tibor: Die Geschichte vom Leben und Sterben des heiligen Ambrosius Bischof von Mailand, Berlin 1977.
Dölling, Dieter: Suizid und unterlassene Hilfeleistung, in: NJW 1986, S. 1011 ff.
Dolz: Die Moden in den Taufnamen, Leipzig 1825.
Dörner, Heinrich: Timpe und die magische Sieben — Liberalisierungstendenzen im Vornamensrecht, in: StAZ 1980, S. 170 ff.
Dreher: Kommentar zum StGB, 44. Aufl., München 1988.
Dubler, A.-M.: Müller und Mühlen im alten Staat Luzern, o.O. 1978.
Duderstadt, Jochen: Der endgültige Rechtsratgeber für geplagte Eltern und Kinder, Frankfurt 1988.
Duderstedt, Franz-Xaver: Wider die juristische Fußnotenhurerei, Heidelberg 1987.
Düsenberg, Swaantje: Hänsel und Gretel, in: Kinderschutz aktuell, 1987, S. 3 ff.

Ebel, Friedrich: Jacob Grimm und die deutsche Rechtswissenschaft, Göttingen 1963.
Erhardt, Heinz: Das große Heinz Erhardt Buch, Gütersloh o.J.
Eisenhut: Grundsätze des deutschen Rechts in Sprichwörtern, o.O. 1813.
Eser, Albin: Das Humanexperiment, in: Schröder-Gedächtnisschrift, München 1978, S. 191 ff.

Fehr, Hans: Narrengerichte und Narrengemeinden, in: ders.: Kunst und Recht, Band 3, Bern 1936, S. 225 ff.
Fenn, Herbert: Die Mitarbeit in Diensten Familienangehöriger, Bad Homburg 1970.
Fetscher, Iring: Die Entlarvung Hänsel und Gretels, in: Wer hat Dornröschen wachgeküßt, Düsseldorf 1972, S. 175 ff.
ders.: Rumpelstilzchen und die Frankfurter Schule, in: a.a.O., S. 187 ff.
Feuerbach, Anselm von: Lehrbuch des peinlichen Rechts, 9. Auflage, o.O. 1826.
Fitzpatrick, John: My court is my castle, London 1899.
Freudjung, S.C.G.: Der Zitaterich und sein Über-Ich − Zur Psychopathologie des akademischen Imponiergehabes, Tobolsk 1932.
ders.: Der kritische Psychiater, München/Wien 1905.
Fries, H. de: Die geistige Welt der Germanen, Darmstadt 1964.

Gaedke, Jürgen: Handbuch des Friedhofs- und Bestattungsrechts, Köln 1983.
Geilen, Gerd: Lebensgefährdende Drohung als Gewalt in § 251 StGB, in: JZ 1970, S. 527.
ders.: Unterlassene Verbrechensbekämpfung und ernsthafte Abwendungsbemühung, in: JuS 1965, S. 426 ff.
Gerhard: Schiller und das Recht, o.O. 1933.
Gernhuber, Joachim: Anmerkungen zu OLG Nürnberg FamRZ 1960, S. 119.
Gesellschaft f. deutsche Sprache e.V. (Hrsg.), Internationales Handbuch der Vornamen, Frankfurt a.M. 1986.
Gmelin, Otto F.: Böses kommt aus Kinderbüchern, München 1972.
Goethe, Johann Wolfgang: Faust erster Teil, Hamburger Ausgabe Band 2, 12. Auflage, Hamburg 1981.
Götz, Franz: Die Welt der Fastnachtsnarren, in: Narrenfreiheit −Untersuchungen des Ludwig-Uhland-Instituts der Universität Tübingen, Band 51, Tübingen 1980, S. 89 ff.
Grimm, Jacob und Wilhelm: Kinder- und Hausmärchen, Band 1 und 2, München 1984 (Die Ausgabe folgt der 7. Auflage von 1875).
dies.: Deutsches Wörterbuch II, Berlin 1854.
Grimm, Jacob: Deutsche Rechtsaltertümer, 2 Bände, 1922, 1828, o.O.
Gruber, Dolf: Referat über Hänsel und Gretel auf dem dritten internationalen Märchenkongreß in Oil Lake City, Texas 1975, in: Fetscher, J.: Der Nulltarif der Wichtelmänner, Düsseldorf 1982, S. 162 ff.
Günther: Die Rechtsaltertümer in der deutschen Sprache, Leipzig 1903.
Günther, Georg: Das Rechtsverhältnis zwischen Bauer und mitarbeitendem Sohn, Band 3 der Schriftenreihe des Instituts für Landwirtschaftsrecht, Göttingen 1966.
Günther, Hans-Ludwig: Gekreuzte Mordmerkmale, in: JZ 1973, S. 681.
Günther, Chr. Wilhelm: Kindermärchen aus mündlichen Erzählungen gesammelt, o.O. 1787.
Günther, Jörg-Michael: Der Fall Max und Moritz, Frankfurt 1988.
ders.: Der Fall Struwwelpeter, Frankfurt 1989.
ders.: Der Fall Struwwelpeter − ein Kinderbuch aus strafrechtlicher Sicht, in: Zeitschrift für die Anwaltspraxis 1990, S. 241 ff.

Haerkötter, Gerd: Hexenfurz und Teufeldreck, Frankfurt 1987.
Hafter: Normale Menschen? Zurechnungsfähigkeit und Zurechnungsunfähigkeit, in: Schweizer Strafrechtszeitschrift 66, 1.

Hall, Karl Alfred: Über die Teilnahme an Mord und Totschlag, in: Festschrift für Eberhardt Schmidt, o.O. 1961.

Hattenhauer, Hans: Person – zur Geschichte eines Begriffes, in: JuS 1982, S. 405 ff.

Henkel, Heinrich: Der Notstand nach gegenwärtigem und künftigem Recht, München 1932.

Hentig, Hartmut von: Die Strafe/Sinnvoller Zufall, eine alte Rechtsanschauung, Z.R.G. 1963, 80, S. 344 ff.

Herbert, Alan Patrick: Schmutz und Schund – der Fall Rex versus Head Master of Eton, dokumentiert in: Rechtsfälle-Linksfälle. Juristische Phantasien, 3. Auflage, Göttingen 1980.

Hippel, Fritz von: Die Perversion von Rechtsordnungen, Tübingen 1958.

His, R.: Das Strafrecht des deutschen Mittelalters, I. Teil 1920; 2. Teil 1935 o.O., S. 243 ff.

Holzäpfel, Mathias: Das Alter Schneewittchens – neuere Studien anhand unbekannter Handschriften der Gebrüder Grimm, Rottach-Egern 1967.

Jäger, Hans-Wolf: Rotkäppchen eine Jakobinermütze?, in: Literatursoziologie II, Beiträge zur Praxis, in: Schödel, S. (Hrsg.): Märchenanalysen, Stuttgart 1985, S. 85 ff.

Jauernig, Othmar: Kommentar zum BGB, 3. Auflage, MÜnchen 1984.

Jessen, Jens Christian: Das Recht in den Kinder- und Hausmärchen der Gebrüder Grimm, Diss. Kiel 1979.

Kächele, Eugen: Der Tanz im Wandel der Zeiten, Leichlingen/Opladen 1988.

Kahn, Lisa: Spieglein, Spieglein an der Wand, in: Rumold, Barbara (Hrsg.): Schneewittchen Total, Frankfurt a.M. 1987, S. 70.

Kahn, Otto: Rumpelstilzchen hat wirklich gelebt, in: Rheinisches Jahrbuch für Volkskunde, 17/18, 1966/67, S. 143 ff.

Kaiser, Ulrich: Hänsel und Gretel oder Der Mord in der Badewanne, in: Lauer, R./Mieder, W. (Hrsg.): Kein Hänsel ohne Gretel, Frankfurt 1988, S. 60.

Kaufmann, Arthur: Beziehungen zwischen Recht und Novellistik, in: NJW 1982, S. 606 ff.

ders.: Recht und Gnade in der Literatur, in: NJW 1982, S. 1062 ff.

Kisch, Egon: Der rasende Reporter, Berlin/Weimar 1972.

Kleinknecht-Meyer: Kommentar zur StPO, 37. Auflage, München 1985.

Klimmek, Ulrich: Verletzung der Sorgepflicht gegenüber Kindern und Jugendlichen, 1970.

Köhler: Die Unterlassung der Verbrechensanzeige, in: SStR 1936, S. 397 ff.

Krause, F.-W.: Notwehr bei Angriffen Schuldloser und bei Bagatellangriffen, in: Gedächtnisschrift für Hilde Kaufmann, Berlin/New York 1986, S. 673 ff.

Konrad, Johann Friedrich: Schneewittchens Mutter erzählt, in: Rumold, Barbara (Hrsg.): Schneewittchen Total, Frankfurt a. M. 1987, S. 43 ff.

Kramer, K.S.: Ehrliche und unehrliche Gewerbe – Handbuch zur deutschen Rechtsgeschichte I, 1971.

Krasnogradski, Ivan: Referat über Hänsel und Gretel auf dem dritten internationalen Märchenkongreß in Oil Lake City, Texas 1975, in: Fetscher, I.: Der Nulltarif der Wichtelmänner, a.a.O., S. 168 ff.

Kraus, Karl: Sittlichkeit und Kriminalität, in: Müller-Dietz, Heinz: Sittlichkeit und Kriminalität, in: NJW 1984, S. 1069.

Krey, Volker: Grundfälle zu den Straftaten gegen das Leben, in: JuS 1971, S. 141.

Kruse, Johann: Hexen unter uns – Magie und Zauberglaube in unserer Zeit, Leer 1978.

Künssberg, v.: Rechtliche Volkskunde, 2. Auflage, o.O. 1936.

Lackner, Karl: Kommentar zum StGB, 18. Auflage, München 1989.

Lauer, R./Mieder, W. (Hrsg.): Kein Hänsel ohne Gretel, Frankfurt a. M. 1988.

Laufhütte, Heinrich: Viertes Gesetz zur Reform des Strafrechts, in: JZ 1974, S. 49 ff.

Leipziger Kommentar, Kommentar zum Strafgesetzbuch, 10. Auflage, Berlin/New York 1985.

Lessing, Gotthold Ephraim: Auswahl in drei Bänden, Leipzig 1952.

Liebs: Lateinische Rechtsregeln, München 1982.

Longos: Hirtengeschichten von Daphis und Chloe, Berlin 1973.

Ludwig, Otto: Richter und Gericht im deutschen Märchen, Bühl in Baden 1935.

Lüderssen, Klaus: Hans im Glück – Kriminalpsychologische Betrachtungen, in: Brackert, Helmut (Hrsg.): Und wenn sie nicht gestorben sind – Perspektiven auf das Märchen, Frankfurt a. M. 1980.

Maar, Paul: Die Geschichte vom bösen Hänsel, der bösen Gretel, in: Der Tätowierte Hund, o.O., S. 29 ff.; auszugsweise in: Psaar/Klein, Wer hat Angst vor der bösen Geiß, 2. Auflage, Braunschweig 1980, S. 100.

Manger, Jürgen von: Die Taube und ihr Taubenhaus im Spiegel des Märchens von Aschenputtel, in: Schriftenreihe des deutschen Taubenzüchterverbandes, Band 43, Castrop-Rauxel 1960.

Mannheim, Herbert: Vergleichende Kriminologie Band 1, London/Stuttgart 1973.

Merkel: Die Kollision rechtmäßiger Interessen, o.O. 1895.

Mezger, W.: Hofnarren im Mittelalter – vom tieferen Sinn eines seltsamen Amtes, 1981.

ders.: Narrenfreiheit – Untersuchungen des Ludwig-Uhland-Instituts der Universität Tübingen, Band 51, Tübingen 1980.

Meyers Lexikon: Bibliographisches Institut Mannheim/Wien/Zürich (Hrsg.), Band 9, Mannheim 1983.

Michelin, J.: Die Hexe, Nachdruck der Ausgabe von 1763, Oggersheim 1987.

Molitor-Volmer-Gelmann: Kommentar zum JArbSchG, München 1986.

Müller-Dietz, Heinz: Alles was Recht ist, Heidelberg 1982.

ders.: Sittlichkeit und Kriminalität, in: NJW 1984, S. 1069 ff.

Müssig, Peter: Rechtsgutverletzungen und ihre Folgen – Max und Moritz im Spiegel des Deliktsrechts, in: Der Verwaltungswirt 1987, S. 25-31 und 1988, S. 25-32.

Näcke, P.: Merkwürdige Fälle von Haarfetischismus, in: Zeitschrift für Kriminalanthropologie und Kriminalistik, 38. Band, 1910, S. 374.

Oellers, Bernd: Der Hehler ist schlimmer als der Stehler, in: GA 1967, S. 6 ff.

Pahlen, Kurt (Hrsg.): Heynes Opernlexikon, 2. Auflage, Zürich 1977.

Panzer, Marianne: Tanz und Recht, o.O. 1938.

Perschel, Franz: Das Faschingsrecht und das deutsche Richterspiel, in: Sudetendeutsche Zeitschrift für Volkskunde 7, 1934, S. 63 ff.

Pichler, Luise: Märchenpracht und Fabelscherz freut der Kinder junges Herz, Festgabe für die Jugend, Stuttgart o.J.

Pidde, Ernst v.: Richard Wagners Ring des Nibelungen im Lichte des deutschen Strafrechts, 3. Auflage, Hamburg 1982.

Plato: Über die Gesetze, V 4 p. 731 E.

Pribil, Willy: Schneewittchen frei nach Sigmund Freud, in: Rumold, B. (Hrsg.): Schneewittchen total, Frankfurt a. M. 1987, S. 36.

Proust, Marcel: A la recherche du temps perdu, Band II, Paris 1954.

Psaar, Werner/Klein, Manfred: Wer hat Angst vor der bösen Geiß, 2. Auflage, Braunschweig 1980.

Röhnelt, Inge: Schneewittchen als Haushälterin der sieben Zwerge oder Die fehlende Emanzipation der Frau im deutschen Volksmärchen, Düsseldorf 1984.

Röhrich, Lutz: Vom Methodenpluralismus der Erzählforschung, in: Schweizerisches Archiv für Volkskunde 68/69, 1972/1973, S. 567 ff.

ders.: Rumpelstilzchen, in: Schödel, Siegfried (Hrsg.): Märchenanalysen, Stuttgart 1985, S. 123 ff.

ders.: Erzählforschung heute, Freiburg 1976.

Rosenfeld, Hellmut: Fastnacht, Fastnachtspiel, Narrengericht, Narren: Ursprung und Deutung, in: NJW 1989, S. 359 ff.

Roth, Anna B.: The Cinderella Cycle, Gleerup, Lund 1951.

Roxin-Schünnemann-Haffke: Strafrechtliche Klausurenlehre, 3. Auflage, Köln u. a. 1977.

Rudolphi, Hans-Joachim: Kommentar zum StGB, Systematischer Kommentar (SK), Loseblattsammlung, Stand 1987, Frankfurt.

Rumold, Barbara (Hrsg.): Schneewittchen Total, Frankfurt a. M. 1987.

Schädlich, Hans-Joachim: Kriminalmärchen, Reinbek b. Hamburg 1974.

Schäfer, Marcella: Märchen lösen Lebenskrisen, Freiburg im Breisgau 1983.

Scherf, Walter: Was bedeutet dem Kind die Grausamkeit der Volksmärchen? Zur aktuellen Polemik gegen das Volksmärchen, in: Jugendliteratur 6, H. 11, 1960, S. 496-514.

Schiller, Friedrich: Werkauswahl in drei Bänden, Leipzig 1955.

Schliemann jr., Heinrich: Die angebliche Wahrheit über Hänsel und Gretel − Irrwege der archäologischen Pseudowissenschaft, Berlin 1989.

Schneider, Franz Verlag (Hrsg.): Tatsachen, die verblüffensten Rekorde der Welt, München/Wien 1976.

Schödel, Siegfried (Hrsg.): Märchenanalysen, Stuttgart 1985.

Schönke-Schröder (Sch.-Sch.): Kommentar zum StGB, 23. Auflage, München 1988.

Schuler, Theo: Jacob Grimm und Savigny, Z.R.G. 80, 1963.

Schwarz, Joachim: Die unterlassene Verbrechensanzeige, o.O. 1968.

Sendler, Horst: Der Rechtsstaat im Bewußtsein seiner Bürger, in: NJW 1989, S. 1771.

Sexton, Anne: Transformations, Houghton Mifflin, Boston 1971.

Staeck, Klaus: Eine Zensur findet gelegentlich statt, in: Drewitz-Eilers (Hrsg.): Mut zur Meinung − gegen die zensierte Freiheit, o.O. 1980, S. 158 ff

Starck, Christian: Über Narrengerichte, in: NJW 1988, S. 281 ff.

ders.: Zur Deutung fastnächtlicher Bräuche, in: NJW 1989, S. 363 ff.

Stark, Franz-Ferdinand: Der Ofentod, in: Schriftenreihe des Kölner Instituts für Rechtsmedizin, Köln 1853, S. 487 ff.

Stoll, Hans: Freiheit der Meinungsäußerung und Schutz der Persönlichkeit in der neueren Rechtsprechung zur zivilrechtlichen Haftung, in: Jura 1979, S. 576 ff.

Stratenwerth, Günter: Strafrecht, allgemeiner Teil, 2. Auflage, Köln u.a. 1979.

Streit, Jacob: Warum Kinder Märchen brauchen, Stuttgart 1985.

Sturm, Richard: Das Vierte Gesetz zur Reform des Strafrechts, in: JZ 1974, S. 3 ff.

Systematischer Kommentar, siehe Rudolphi (Hrsg.)

Tibulski-Schribbeneck, Heiner: Aus dem geheimen Tagebuch eines Rechtsprofessors, Köln 1982.

ders.: Das Staatsrecht im Staate Lilliput − eine rechtliche Betrachtung von Gullivers Reisen, in: Zeitschrift für Völkerkunde und Recht, Hamburg 1989, S. 356 ff.

ders.: Der Fall Hänsel und Gretel − Hintergründe und Folgen, Ratingen 1982.

ders.: Der Fall Rumpelstilzchen oder die strafrechtliche Relevanz des Spinnens, in: derselbe: Märchenhafte Rechtsbrüche, Band 12, Köln 1976.

ders.: Einführung in das jägerische Denken, Breisgau 1985.

ders.: Grimm und die Justiz, Bad Segeberg 1965.

ders.: Jugendliche Delinquenz und ihre Ursachen − Märchen vor Gericht, Düsseldorf 1976.

ders.: Law and order today, Washington/Düsseldorf 1983.

ders.: Narrengerichte vor dem Auge des Gesetzes, in: Festschrift für Egon Krenz, Berlin/Dresden 1989, S. 130 ff.

Thorwald, Jürgen: Das Jahrhundert der Detektive, Zürich 1965.

Tolzien, Gerd: Die Großen, Zürich 1977.

Traxler, Hans: Die Wahrheit über Hänsel und Gretel, Reinbek bei Hamburg 1983.

Troll, Thadäus: Rotkäppchen auf Amtsdeutsch, in: ders.: Das große Thaddäus-Troll-Lesebuch, Hamburg 1981.

Tucholsky, Kurt: Gesammelte Werke, Band 1, Berlin 1960.

Ullrich: Die Kindesmißhandlung in strafrechtlicher, kriminologischer und gerichtsmedizinischer Sicht, o.O. 1964.

Vahle, Fritz: Hänsel und Gretel, in: Märchen der Zeit angepaßt und in Verse gefaßt von Fritz Vahle, Justus Liebig Verlag; auch abgedruckt in: Lauer R./Mieder W. (Hrsg.): Kein Hänsel ohne Gretel, Frankfurt a. M. 1988, S. 6-7.

Vogel: Neues Produkthaftungsrecht und Jagd, in: Natur und Recht, 1989, S. 237 ff.

Vries de, Jan: Die geistige Welt der Germanen, Darmstadt 1964.

Wagner, Thomas: Die Psychoanalyse ist die Krankheit, für deren Therapie sie sich hält, Solingen 1990.

ders.: Handbuch der Zwergenkunde, Solingen 1989.

Weber, Hermann: Benutzungszwang für Friedhofskapellen und friedhofseigene Leichenkammern auf kirchlichen Friedhöfen, Nachdruck als Broschüre aus der Fachzeitschrift »Das Bestattungsgewerbe« Nr. 3 und 4 / 1989.

Weiß: Die Hehler, Kriminalabhandlungen, Heft 13, 1930.

Wessels, Johannes: Strafrecht, Besonderer Teil 2, 3. Auflage, Karlsruhe 1979.

Wieland, B.: Die Hex' vom Dasenstein, Langenfeld 1817.

Wiemer, Rudolf Otto: Der alte Wolf, in: Gelberg, Hans-Joachim (Hrsg.): Neues vom Rumpelstilzchen und andere Märchen von 43 Autoren, Weinheim 1976.

Wietkamp, Helmut: Probleme des Anschluß- und Benutzungszwangs unter besonderer Berücksichtigung des Bestattungswesens, Diss., Münster 1962.

Wilcox, R.T.: The Mode of Footwear, New York 1948.

Wittgenstein, Ottokar Graf von: Märchen-Träume-Schicksale, Düsseldorf/Köln 1965.

Wittmann, Josef: Hänsel und Gretel, in: Gelberg, Hans-Joachim (Hrsg.): Neues vom Rumpelstilzchen und andere Märchen von 43 Autoren, Weinheim 1976.

Wolf, H.J.: Hexenwahn und Exorzismus, Kriftel 1979.

Wulfen, Erich: Das Kriminelle im deutschen Volksmärchen, in: Zeitschrift für Kriminalanthropologie und Kriminalistik, 38. Band, Dresden 1910, S. 340-370.

Wunderlich, H.G.: Die Steinzeit ist noch nicht zu Ende, Reinbek 1974.

Würtenberger, Thomas: Satire und Karikatur in der Rechtsprechung, in NJW 1983, S. 1144 ff.

ders.: Karikatur und Satire aus strafrechtlicher Sicht, in: NJW 1983, S. 612 ff.

Zipes, Jack: Rotkäppchens Lust und Leid, Frankfurt/Berlin 1985.

Zmarzilik, Johannes: Kommentar zum JArbSchG, München 1985.

ABKÜRZUNGSVERZEICHNIS

a.A.	anderer Ansicht
a.a.O	am angegebenen Ort
a.E.	am Ende
AcP	Archiv für civilistische Praxis
AG	Amtsgericht
Anm.	Anmerkung
Art	Artikel
AT	Allgemeiner Teil
Aufl.	Auflage
AZ	Aktenzeichen
b.	bei
BayObLG	Bayerisches Oberstes Landesgericht
Ber.	Bericht
BGB	Bürgerliches Gesetzbuch
BGBl.	Bundesgesetzblatt
BGH	Bundesgerichtshof
BGHSt	Bundesgerichtshof in Strafsachen
BGHZ	Bundesgerichtshof in Zivilsachen
BT	Besonderer Teil
BT-Drs	Bundestagsdrucksache
BjagdG	Bundesjagdgesetz
BVerfG	Bundesverfassungsgericht
bzw.	beziehungsweise
ca.	circa
ders.	derselbe
d.h.	das heißt
Diss.	Dissertation
DVW	Zeitschrift: Der Deutsche Verwaltungswirt
Ent.	Entscheidung
e.V.	eingetragener Verein
f.	folgende
FamRZ	Zeitschrift für das gesamte Familienrecht
ff.	fortfolgende
FG	Finanzgericht
Festschr.	Festschrift
Festg.	Festgabe
Fn.	Fußnote
GA	Goltdammers Archiv für Strafrecht
geb.	geboren
GG	Grundgesetz
ggf.	gegebenenfalls
GV	Gesetzes- und Verordnungsblatt
h.M.	herrschende Meinung
HRR	Höchstrichterliche Rechtsprechung
Hrsg.	Herausgeber

i.S.d.	im Sinne des
i.V.m.	in Verbindung mit
JA	Zeitschrift: Juristische Arbeitsblätter
JGG	Jugendgerichtsgesetz
JMBlNRW	Justizministerialblatt für Nordrhein-Westfalen
JR	Zeitschrift: Juristische Rundschau
Jura	Zeitschrift: Juristische Ausbildung
JuS	Zeitschrift: Juristische Schulung
JWG	Jugendwohlfahrtsgesetz
JZ	Zeitschrift: Juristenzeitung
KG	Kammergericht
krit.	kritisch
LG	Landgericht
LK	Leipziger Kommentar zum Strafgesetzbuch
MDR	Monatszeitschrift für deutsches Recht
NJW	Zeitschrift: Neue Juristische Wochenschrift
Nr.	Nummer
NStZ	Neue Zeitschrift für Strafrecht
NVwZ	Neue Zeitschrift für das Verwaltungsrecht
OLG	Oberlandesgericht
o.D.	ohne Datum
Prot.	Protokolle des Deutschen Bundestages
PStG	Personenstandsgesetz
RG	Reichsgericht
RGSt.	Reichsgericht Entscheidungen in Strafsachen
RiStBV	Richtlinien für das Strafverfahren und Bußgeldverfahren
Rn.	Randnummer
S.	Seite
s.	siehe
s.a.	siehe auch
SchmuSchuG	Schmutz- und Schundgesetz
Sch-Sch.	Schönke-Schröder; Kommentar zum Strafgesetzbuch
SchwZStr.	Schweizer Strafrechtszeitschrift
s.d.	siehe dort
SK	Systematischer Kommentar zum Strafgesetzbuch
s.o.	siehe oben
sog.	sogenannt
StA	Staatsanwaltschaft
StAZ	Zeitschrift: Das Standesamt
StGB	Strafgesetzbuch
StPO	Strafprozeßordnung
StrafR	Strafrecht
Strafr.Abh.	Strafrechtliche Abhandlungen
Strafs.	Strafsachen
TierSchG	Tierschutzgesetz
u.a.	unter anderem
u.U.	unter Umständen
v.	von
Verf.	Verfasser
VersR	Zeitschrift für das Versicherungswesen
VerschG	Verschollenheitsgesetz

vgl.	vergleiche
Vorbem.	Vorbemerkungen
ZAP	Zeitschrift für die Anwaltspraxis
z.B.	zum Beispiel
ZDS	Zeitschrift für den deutschen Standesbeamten
Zivils.	Zivilsachen
ZRP	Zeitschrift für Rechtspolitik
ZStW	Zeitschrift für die gesamte Strafrechtswissenschaft

REGISTER

Tanz 48, 66 f.
Tauben 114 f., 124 f., 131 f.
Tibulski-Schribbeneck, Heiner 13
Tierhalterhaftung 132
Tierverwandlung 110
Totschlag 35 f., 49 f., 91 f., 108 f.
Traxler, Hans 13, 100 f.
Turm 20 f., 28 f.

Übel, empfindliches, siehe Nötigung
Unterschlagung 111

Verführung 55 f., 134 f., 139
Vergiftung 62
Versorgungsengpässe, kulinarische 89 f.

Wassernixen, usbekische 10
Wechsel 142
Werkzeug, gefährliches 60, 62
Western 147
Wichtelmänner 54 f., 100
Winnetou 37
Wohlbefinden, körperliches 142
Wolf 69 f.
Wulfen, Erich 13, 17, 147 f., 151 f., 155
Wunder 64
Wüstenei 21, 32 f.

Zaubergarten 19, 23 f.
Zauberin 19 f., 41 f.
Zauberpumas, argentinische 10
Zehe 117 f., 127 f.
Zimmermann, Eduard 9
Zwerge 43 f., 54 f.

ANHANG A

HÄNSEL UND GRETEL AUS DER SICHT
DES DEUTSCHEN KINDERSCHUTZBUNDES

»Vor einem großen Walde wohnte ein armer Holzhacker mit seiner Frau und seinen zwei Kindern; das Bübchen hieß Hänsel und das Mädchen Gretel.« Mit diesen wohlgesetzten Worten beginnt das gleichnamige Grimmsche Märchen, das Kindheitserinnerungen des geneigten Lesers heraufbeschwört – Mitleid für die armen geschundenen Kinder und den schwachen Vater, der sich gegen seine böse Frau nicht durchsetzen kann. Neuerlich interessant wird dieses Märchen, wenn man die verschiedenen Situationen auf Rechtsbrüche hin überprüft:

Beginnen wir mit dem Dialog der Holzfäller-Eheleute, in dem die Frau ihren Mann überredet, die beiden Kinder im großen, dunklen Wald allein zu lassen. Das ist mindestens Anstiftung zur Kindesaussetzung, die die schmählichen Eltern dann gemeinschaftlich auch vollziehen. Nach tagelangem Umherirren gelangen Hänsel und Gretel schließlich an ein Häuschen, das ganz aus Brot gebaut und mit Kuchen bedeckt war. Eingedenk ihres großen Hungers suchen die Kinder gar nicht erst den Besitzer des Häuschens herauszufinden, sondern brechen sich sogleich eine Mahlzeit ab und verspeisen sie genüßlich. Einer Stimme aus dem Innern des Hauses, die fragt, wer denn da am Häuschen knuspere, antworten die Kinder: »Der Wind, der Wind, das himmlische Kind« und setzen ihren Schmaus fort, ohne sich irre machen zu lassen. Ist hier durch die unrechtmäßige Entnahme einer ganzen Mahlzeit der Tatbestand des Diebstahls und der Sachbeschädigung erfüllt, so könnte man zunächst annehmen, daß Hänsel und Gretel durch ihren knurrenden Magen derart eingeschränkt in ihrer Zurechnungsfähigkeit waren, daß sie zu diesem Zeitpunkt nicht mehr erkennen konnten, was Recht und was Unrecht ist. Spätestens jedoch nach der ersten Sättigung kann ihnen diebstahlmäßig gesehen, die Unzurechnungsfähigkeit nicht mehr zugestanden werden.

Jene unlauteren Handlungen der Kinder verblassen jedoch geradezu angesichts der kriminellen Potenz, die die Hexe nun an den Tag legt. Da geht es gleich Schlag auf Schlag: Morddrohung gegen Hänsel in Tateinheit mit schwerer Freiheitsberaubung. Seelische Grausamkeit und Körperverletzung des Jungen durch fortwährendes Mästen, erzwungene Kinderarbeit und Nötigung der Gretel usw. Dem Abgrund tiefster Verwerflichkeit tun sich hier keine Grenzen auf. Folgerichtig sinnen die Kinder auf Entkommen. Ob zu diesem Zwecke die Tötung der Hexe durch Verbrennen Mord, Körperverletzung mit Todesfolge oder reine Notwehr war, bleibt noch zu prüfen. Fest steht indes, daß Hänsel und Gretel den Tatort nach dem Tod der Hexe nicht fluchtartig verlassen haben, sondern in aller Seelenruhe noch das Diebesgut der bösen alten Frau (Perlen, Edelsteine) an sich brachten. Erst hernach kehrten sie zum Hause ihres Vaters zurück. An dieser Stelle ist zu diskutieren, wie ausgeprägt das Unrechtsbewußtsein der Kinder überhaupt war.

Möglicherweise liegt hier bezüglich des Unrechtsbewußtseins auch eine Symptomtradition vor, denn auch der Vater zeigte keinerlei Skrupel, behielt die Schätze und machte sich damit zugleich der Hehlerei schuldig. Was jedoch bis heute unverständlich erscheint: niemals wurde der Vater und seine inzwischen verstorbene Ehefrau irgendeines Punktes angeklagt, geschweige denn verurteilt. Unverständlich bleibt ebenfalls, warum keine Behörde auf die Tatbestände in dieser Familie aufmerksam wurde oder das Jugendamt gegen den dortigen Verbleib der Kinder intervenierte. Es bleibt zu prüfen, ob hier ein Fall von Strafvereitelung oder behördlicher Untätigkeit vorliegt.

von S. Düsenberg[416]

---

416 Düsenberg, S.: Hänsel und Gretel aus der Sicht des Deutschen Kinderschutzbundes, in: Kinderschutz aktuell, 1987, Heft 4, S. 3.

ANHANG B

DAS MÄRCHEN VON SCHNEEWITTCHEN AUS KRIMINALPSYCHOLOGISCHER SICHT

Das schönste Märchen, von der Königstochter Schneewittchen, ist eine unzweideutige sexual-kriminelle Schilderung mit dem volkstümlichen Leitmotiv »Spieglein, Spieglein an der Wand, wer ist die Schönste im ganzen Land?«. Neid und Haß der Stiefmutter gegen das tausendmal schönere Schneewittchen sind hier rein geschlechtlich. Selbst zur Anthropophagie, zur Menschenfresserei, wird dieses eitle und hochmütige Weib getrieben; sie glaubt Schneewittchens Lunge und Leber, vom Koch zubereitet, zu verzehren, während ihr der Jäger, der die Prinzessin zu töten nicht übers Herz brachte, die Eingeweide eines jungen Hirsches vorgezeigt hat. Dreimal unternimmt die Königin, »Schneewittchen über den Bergen bei den sieben Zwergen« aus weiblicher Eifersucht aus dem Wege zu räumen. Jedesmal ist die Wahl ihrer Mittel weiblich sexuell gefärbt: zuerst der neue buntseidene Schnürriemen, dann der vergiftete Kamm, beide Male weibliche Toilettengegenstände. Beim dritten Male rechnet sie mit dem vergifteten Apfel auf die Naschhaftigkeit junger Mädchen. Endlich ist der Giftmord, der in den beiden letzten Fällen versucht wird, erfahrungsgemäß fast ein Monopol des verbrecherischen Weibes und mit der Sexualsphäre verknüpft. Der Königssohn, der sich in das scheintote Schneewittchen im gläsernen Sarge verliebt, ist ein platonischer Leichenfetischist, auf den diese weibliche Leiche durch ihre völlig willenlose Schönheit erotisch wirkt. Er kann nicht leben ohne das tote Schneewittchen, er will es ehren und hochachten als sein Liebstes. Sadistisch endet auch dieses Märchen: in rotglühenden eisernen Pantoffeln, die mit Zangen hereingetragen werden, muß die boshafte Stiefmutter den Hochzeitstanz ihrer Stieftochter tanzen und tot zur Erde hinsinken.

von Staatsanwalt Dr. Erich Wulfen[417]

---

417 Wulfen, Staatsanwalt Dr. Erich: Das Märchen von Schneewittchen aus kriminalpsychologischer Sicht, in: Wulfen, a.a.O., S. 352.

Jörg-Michael Günther

Der Fall
Max & Moritz

*Juristisches Gutachten über die
Umtriebe zweier jugendlicher Straftäter
zur Warnung für Eltern und Pädagogen*

Eichborn

Der Fall Max und Moritz

Juristisches Gutachten über die Umtriebe zweier
jugendlicher Straftäter zur Warnung für Eltern und
Pädagogen und zur speziellen Erheiterung des Juristen-
standes. »Ein toller Wurf!« *DIE ZEIT*
124 Seiten, **16,80** DM (01858)

EICHBORN
DER VERLAG MIT DER FLIEGE

Jörg-Michael Günther

Der Fall Struwwelpeter

*Juristisches Gutachten über Umtriebe
von Kindern zur Warnung für
aufsichtspflichtige Eltern und Pädagogen*

Eichborn

Kriminelle Kinder

Das hätte sich Struwwelpeter-Autor *Hoffmann,* Nerven-
arzt seines Zeichens, nicht träumen lassen: Er verherr-
licht Kriminalität und Gewalt. Unser neues juristisches
Gutachten bringt es an den Tag.
144 Seiten, **16,80** DM (02185)

EICHBORN
DER VERLAG MIT DER FLIEGE

Bockstarke Märchen

Das Beste, was je in Scene-Sprache geschrieben wurde.
12 Grimmsche Märchen: Sterntaler auf'm Wahnsinns-
trip, Frau Holle wedelt die Rheumadecken aus, eine
Emanze erzählt Froschkönig etc. **Das Ganze super (!)
illustriert 12,80 DM** (01811)